道徳教育問題と歴史教育

JN062819

野口　周一

目　次

道徳教育の原理と方法：序論

はじめに

　周知のとおり、2018 年 4 月より道徳の教科化が小学校で始まった。その経緯と経過については多くの方々が記しているので割愛する。その諸研究のなかで、例えば田口和人氏は「小学校『特別の教科　道徳』の教科書分析 ―『内容項目』の支配と『考える道徳』『議論する道徳』の矛盾―」（『桐生大学教職課程年報』創刊号、桐生大学・桐生大学短期大学部教職課程委員会、2018 年）において、

　　　「問題解決的な学習」と「道徳的行為に関する体験的な学習」は、「考える道徳」「議論する道徳」を進めるにあたっては注目された指導方法である。しかし、道徳科は「内容項目」（徳目）が先に固定されていて、これを無視することはできない。そのために「問題解決的な学習」や「道徳的行為に関する体験的な学習」を組み入れ、「考える」「議論する」授業を展開したとしても、その「内容項目」を子どもたちに大事なことであると受け止めさせることに「終末」を収斂せざるをえないことが予想される。結果として徳目主義を克服できないのではないだろうか。

という結論を導かれた。この結論に先だって、氏は「『伝統と文化の尊重、国や郷土を愛する態度』や『感動、畏敬の念』といった注目される『内容項目』に対しては、今回、文部科学省から強調された『問題解決的な学習』や『道徳的な行為に関する体験的な学習』が積極的に取り入れられていない。このことは、これらの『内容項目』が、『問題解決的な学習』や『道徳的行為に関する体験的な学習』にはそぐわないことを意味しているように思われる」と慎重に述べているのである。

　筆者は歴史学研究から出発し、兼任校で「初等社会科教育研究法」を担当している立場から、本稿においては「伝統と文化の尊重、国や郷土を愛する態度」に着目し述べていくことにより、筆者の今後の道徳教育研究の序論としたい。

問題の所在

（1）埼玉県立朝霞高校台湾修学旅行問題

　筆者が台湾の国際学会で発表した折り（「日本史学習についての提言」『2013 年度台湾日本語文学国際学術研討会 ―支援日語教学之日本語文学研究― 国際会議手冊』所収、台湾日本語文学会、2013 年度）、知人の向野正弘氏が同道、その報告書を作成している

（「ナショナル＝アイデンティティとグローバル＝アイデンティティの視点から台湾と台湾修学旅行について考える ― 2013・12・20－25 台北小旅行雑感―」『アジア文化研究』第 24 号、国際アジア文化学会、2017 年）。

　その一節において、氏は「渡台前、朝霞高校の台湾修学旅行をめぐる議論の報道に接した」として、註においてその概要について以下のごとく記している。

　　朝霞高校の台湾修学旅行は、2013 年 12 月に実施されたもので金瓜石での平和学習や新店高級中学との交流を組み込んだもの。2013 年 12 月、事前学習でＮＨＫ番組「ジャパン・デビュー」を見せていたことを新聞が取り上げ、これを県議会が問題視、県議がテレビ出演、偏向教育としてやり玉に挙げ、インターネット上の誹謗中傷やヘイトスピーチ（憎悪表現）の標的にされた。さらに 12 月 18 日の県議会文教委員会では、生徒の感想文を提出させ、一部の議員は許可なくウェブ上に晒し、偏った教育と断定。さらに県の高等学校社会科教育研究会の動向と併せて「県立高校の社会科教育の指導徹底を求める決議」を出すに至る。筆者の訪台は、こうした状況を仄聞しつつのことであった。朝霞高校は、筆者の勤務する高校と同じ埼玉県西部に有り、人事の交流もある。帰日後 1 月には、新聞も「内心の自由」を侵害したことに対する疑念を表明、3 月には、埼玉弁護士会の「教育現場の自主性」を尊重するようにとの会長声明が出されるなど、事態は鎮静に向かった。しかし教育現場に残した傷跡は深く、学校と教員に多大な萎縮効果を残したと考える。

　以上である。
　さらに、氏は「外国との交流や交渉ことは、一朝一夕でうまくいくものではない。当然もっと改善するべき点もあり、アドバイスすべき点もあるだろう。しかし今回の県議会関係者は、生徒の感想文まで出すように求めたという。最近拝見した野口周一氏の論文に『二十四の瞳』の一文が引かれていた。以下のようである」として、

　　「あら『草の実』なら見たことあるわ、わたし。でも、どうしてあれが、赤の証拠。」
　　大石先生はふしぎに思ってきいたのだったが、教頭は笑って、
　　「だから正直者は馬鹿みるんですよ。そんなこと警察に聞かれたら、大石先生だって赤にせられるよ。」
　　「あら、へんなの。だってわたし、『草の実』の中の綴方を、感心して、うちの組に読んで聞かせたりしたわ。『麦刈り』だの、『醤油屋の煙突』なんていうの、うまかった。」
　　「あぶない、あぶない。あんたそれ（『草の実』）稲川君にもらったの。」
　　「ちがう。学校あておくってきたのを見たのよ。」
　　教頭はきゅうにあわてた声で、
　　「それ、今どこにある？」

「わたしの教室に。」

「とってきてきてください」

謄写版の『草の実』は、すぐ火鉢にくべられたまるで、ペスト菌でもまぶれついているかのように、あわてて焼かれた。茶色っぽい煙が天井に昇り、細くあけたガラス戸のあいだから逃げていった。

「あ、焼かずに警察へ渡せばよかったかな。しかし、そしたら大石先生がひっぱられるな。ま、とにかく、われわれは忠君愛国でいこう。」

教頭のことばが聞えなかったように、大石先生はだまって煙のゆくえを見ていた。

（新潮文庫版＜2005年改版＞、142－144頁）

と筆者の引用箇所を再録し、「これから、私たち教員は、検閲や思想調査を恐れて生徒の作文をシュレッダーで裁断する時代が来るのだろうか」と述べる。

　この箇所について、筆者は「大石先生の同僚の片岡先生が警察に引っ張られるという一件がある。それは「近くの町の稲川という教師が、受けもちの生徒に反戦思想を吹きこんだという」ことであり、その証拠品は「稲川先生が受けもっている六年生の文集『草の実』だというのである」（「六、月夜のカニ」142頁）。片岡先生は稲川と師範学校が同級ということで、調べられたのであったという文脈で引用したのであり、その焦点は「忠君愛国」にある、と述べた（「保育系学科における近現代史学習の一斑 ―『教育原理』『保育原理』を例として―」『総合歴史教育』第48号、総合歴史教育研究会、2013年）。

(2)「元寇！キミならどうする？」

　筆者は、かつて標記の題名で論考をものしたことがある。その「付記」に以下のように記した（野口周一「元寇！キミならどうする？ ―歴史教科書における『元寇』叙述をめぐって― 」『比較文化学の地平を拓く』所収、開文社出版、2014年）。

　　まず、本稿の表題「元寇！キミならどうする」について一言しておきたい。『朝日新聞』2003年5月3日付は、1面のトップ記事に「通知表に『愛国心』、広がる」の見出しのもとに「小学校6年生の通知表の社会科の評価項目に『国』や『日本』を愛する心情を盛り込んでいる公立小学校が、全国で少なくとも11府県28市町の172校にのぼることが朝日新聞社の調べで分かった。02年度から新学習指導要領が始まり、『国を愛する心情』の育成が教科の学年の目標の一つに加わった影響とみられる」と報じている。

　　また、社会面においては「『愛国』の陰で」という連載が始まり、その第1回目には「元寇」が取り上げられている。それは「昨年6月。福岡市中心部の公立小学校では、市教委が『将来の模範』と考える、社会科の研究授業があった。

６年生の教室には、他校の校長や教員が詰め掛けた。／「元寇」をテーマにした討論授業が始まった。／ある児童は『高麗のように属国になるくらいなら戦った方がいい。命を懸けて大切なものを守る』と訴えた。一方で『話し合いで解決できる』という意見も出た。／両論が出そろったところで、司会役の担任（37）が切り出した。『戦争賛成と反対のどちらの立場でも、外国の侵略から日本の国を守りたいと思う気持ちは一緒なんだ』／担任は『国を愛する心情』を『歴史や伝統を調べることで育まれていく、自分の生まれた地域や郷土、国を愛する気持ち』と解釈。『学習態度や授業中の発言、ノートを見れば評価は可能だ。元寇の授業を受けた子どもは全員が愛国心を持っています』と話す」という状況であったことを伝えている。

　この転載箇所について、後述の大内裕和氏も引用している（「愛国心教育と教育現場の自由　解説」『愛国心と教育』所収＜『リーディングス　日本の教育と社会』第5巻、日本図書出版、2007年＞）。
　さらに筆者が付言したいことがある。キーパーソン型人物学習を提唱する安達弘氏は、与謝野晶子の詩2編を取り上げての学習の結果、「先生は与謝野晶子のように戦争を二つの心で見ていこうと思っています。それは戦争にはさけて通れない戦争があるという厳しい心と、でも戦争はたくさんの人が死んでしまうのでできるだけさけたい、したくないという優しい心の二つです。戦争はハンターイとかサンセーとかそんな単純なものではありません。みんなもこの二つの心で戦争について考えるようにしてください」というメッセージを子どもたちに届けているのである（『人物学習でつくる歴史授業』明治図書、2001年）。
　ここに危うさを感じるのは筆者だけであろうか。

愛国心と教育

（1）貝塚茂樹氏の所説
　本章のテーマについて、筆者が真っ先に思い浮かべた編著書は、大内裕和氏による『愛国心と教育』（『リーディングス　日本の教育と社会』第5巻、日本図書出版、2007年）であった。本書のねらいについて、大内氏は「『愛国心と教育』は、近年急激に取り上げられるようになったテーマであるため、教育研究に絞ればそれほど数多くの研究蓄積があるとは言えない。一方で、教育以外の専門家もアプローチしたくなる魅力をもったテーマであり、数多くの優れた考察が行なわれている。そこで本書では教育研究に限定することなく、政治学、社会学、行政学、哲学などからアプローチした論考も積極的に収録した。こうすることで、『愛国心と教育』というテーマのもっている広がりを捉えることのできる構成を目指した」と述べる。

本章も上掲書を基底に据えて考察を重ねていくべきあろうが、このたびはそれを避けた。何故なら、本稿は道徳教育を論じていくことにその主眼があることにより、現在「道徳教育の第一人者」と目される貝塚茂樹氏の『道徳の教科化 ―「戦後七〇年」の対立を超えて―』（文化書房博文社、2015 年）を取り上げたいからである。

　貝塚氏は「愛国心のどこが問題だというのか」という論文において、次のように述べた（初出：「愛国心はけしからん？」『産経新聞』2014 年 3 月 14 日）。

　　　道徳の教科化をめぐっては、特に、小学校低学年の内容に「我が国や郷土の文化と生活に親しみ、愛着をもつこと」が加えられたことに激しい批判が向けられた。複数の新聞、テレビ等は、明らかに教科化への危惧を前面に押し出した報道を行った。低学年から「愛国心」を教えるのはけしからん、ということのようだ。

　　　しかし、『学習指導要領』は、「愛国心」と同時に、「他国の人々や文化に親しむこと」も新たに加えている。「愛国心」と国際理解・人類愛を構造的に示しているわけだが、私の知る限り、どの報道もこの点には触れていない。「愛国心」を否定することを目的とする、いつもの「ためにする批判」であることは明らかである。

　　　戦後日本では、「愛国心」は常に「タブー視」されてきた。なかでも教育界では顕著であり、国家を否定することが「いつか来た道」へ進まない「真理」であるかのような言説が一般的であった。

　　　もちろん、国民が政府のあり方や政策を批判するということは、健全な国家としては当然である。坂本多加雄が述べたように、本来「愛国心」とは、決して自国の正しさや美点のみを強調することではなく、「日本の過去に生きた人々の様々な事業や苦難や幸福や不幸や、さらには、それに処した精神の構えへの『共感』のなかから生まれる」はずのものである。つまり、日本の過去の偉業や失敗も含めて丸ごと「共感」し、受けとめることから「愛国心」は醸成されるのであり、立派な歴史を持つから愛するのでも、正しさや美点があるから愛するわけでもない、ということである。

　ここで、貝塚氏は坂本の言説を引き、続いて高坂正顕が起草してまとめたという中央教育審議会の答申の「期待される人間像」における「愛国心」の定義を掲げる。曰く、「国家を正しく愛することが国家に対する忠誠である。正しい愛国心は人類愛に通ずる。真の愛国心とは、自国の価値をいっそう高めようとする心がけであり、その努力である」と。遺憾ながら、筆者には高坂の定義が抽象的過ぎて理解できない。

　貝塚氏は、さらに「戦後日本では、国家と個人との関係を社会契約的に捉え、国家が尊重するに値しなければ否定するという風潮があった。これに対して、坂本や高坂がいうのは、国家が外在的なものでなく、個人の内的な精神と繋がる運命共同体的な存在として国家を内在化する事の必要性である」と説く。そして、

そもそも、日本の歴史と文化への「共感」を前提として、自分が国家や社会と繋がっているという意識と実感がなければ、「規範意識」や「生命への畏敬の念」が育つはずはない。国家と「愛国心」を感情的に否定し、殊更に忌避することは、「国家及び社会の形成者」（教育基本法）を育成するという公教育の使命と責任の放棄である。むしろ、国家と「愛国心」を考えないことからもたらされる「思考停止」の方が、はるかに危険である。

とまとめるのである。筆者にはこの節の前段も問題ありと考えるが、後段の「殊更に忌避することは、」以下の論理も気になるのである。加えて、素朴な疑問であるが、氏はパトリオティズムとナショナリズムの関係をどのように考えているのか、ということも提起しておきたい。
　以上雑駁ながら、筆者は貝塚氏が『戦後教育改革と道徳教育問題』（日本図書センター、2001 年）という立派な研究業績を有する「道徳教育の第一人者」と謳われていることを理解した上での疑問である。

（2）高橋哲哉説を深めよう
　一方、哲学者の高橋哲哉氏が「愛国心は悪なのか」として「私が思うのは、愛国心については歴史的な文脈、経緯を踏まえた議論が必要だということです。日本の場合、そのような議論はほとんど見られないように思うのです」と述べている（『教育と国家』講談社、2004 年）。筆者は高橋氏の所説が至極まともな意見であると考える。
　過日、筆者は「映画『海難 1890』にまつわることども」という一文を記したことがある（『としょかん NEWS』第 106 号、湘北短期大学図書館、2016 年）。

　さて、エルトゥールル号の遭難を教材化した事例がある。現在も使用されている、東京書籍『新しい社会　6・上』である。同書では、まず「ノルマントン号事件と条約改正」と題して「ノルマントン号事件をえがいたまんが」が掲げられ ──これはビゴーの諷刺画である──「1886 年のことです。和歌山県沖の海で、イギリスの貨物船ノルマントン号がちんぼつしました。このとき、西洋人の船員は、全員ボートでのがれて助かり、日本人の乗客は、全員おぼれて死にました。イギリス人の船長は、日本人を救おうとしたが、ボートに乗ろうとしなかったなどと証言し、イギリスの領事裁判で、軽いばつを受けただけでした。日本人は、このような結果をもたらした不平等条約を改めることを強く求めました」と説明されている。ついで「エルトゥールル号のそうなん者を救った大島の人々」と題して、「日本と同じく欧米諸国との不平等条約に苦しむトルコは、1890年に日本を訪れました。親善の行事を終えて帰国する途中、トルコの軍艦エルトゥールル号は、和歌山県沖の海で、ちんぼつしました。この時、大島（和歌山県串本町）の人々は、そうなん者の救助や手当てなどにつくし、全国からも多くのお金や物資が寄せられ

ました。大島には、慰霊碑が建てられ、現在もトルコとの間に交流が続いています」とある。

　ところで、この事件はどのように取り扱われるのであろうか。村上忠君氏は「国際的資質を育てる小学校社会科歴史学習 ―『ノルマントン号事件』と『エルトゥールル号の遭難』を事例として―」を著わした（『小学校の“優れた社会科授業”の条件』所収、明治図書、2007年）。氏は、序において「小学校の歴史単元では、国家間の利害関係や時事問題の解決を考察していくことは段階的に難しいので、『国際友好』に関する単元を構成していくのが適切であろう。具体的には、『人の働き』を、国家という枠組みを超えた個人が歴史に果たした働きとしてとらえることを通して、国際化を考えさせていき、『国際的資質』を育てていくのである」と述べる。最後に「意義」として3点をあげる。そのうち2点目に、「また『ノルマントン号事件』を位置づけたことは、当時の国際社会における列強諸国の力と、わが国の立場を理解する上で有効であった」とある。

　しかし、この記述こそが「国家間の利害関係」を示すものではないのか。条約改正の筋道を理解させるのに、国家間の利害関係を抜いては説明のしようがない。上掲の教科書には、「外務大臣の陸奥宗光は、そのころもっとも力の強かったイギリスを相手に交渉を行い、ついに1894年、条約の一部を改正して領事裁判権をなくすことに成功しました。イギリスとの条約改正に成功した背景には、このころアジアでロシアと対立していたイギリスが、日本の協力を求めていたという事情もありました」とある。このことこそ、国家間の利害関係が根底にあることを示している。それでも小学6年生段階では理解できないと言うのであろうか。不可解な見解であり、村上氏が世の風潮におもねているようにさえ見える。

　また村上氏は「『遭難者を助けるのは当たり前』という知的理解から、大島の海の民の献身的な救助活動を共感的に学ぶことを通して、国境を越えた人としての働きをとらえることができたようである」とも述べる。東日本大震災の際、作家の梁石日氏は「人間は本質的に、協力したい、困っている人を助けたいという気持を強く持っている生き物。おぼれている人を見れば、見過ごすことはできない。協力しあわなくては復興は成し遂げられないし、人間の力をはるかに超えた途方もない自然への畏怖の念を持ったうえで、きずなを築いていかなければいけない。そこでは新しいことが起こりうるんじゃないでしょうか」と予見された（『毎日新聞』2011年3月22日付）。しかし現実はどうなのか、今後検証していく必要がある。

　以上、長文で煩雑ではあるが敢えて引用した。例として挙げた村上忠君氏は『学習指導要領』を十分に踏まえたベテランの授業実践者であろう。その氏においてさえも、何故このようなことが起きるのであろうか。問題点として挙げておきたい。そして、筆者は高橋氏の素朴な提言を「ひとつの道」と考えたい。

おわりに

　今後、例えば高橋哲哉氏の所説に沿って、愛国心教育のみならず教育基本法、学習指導要領、等々についても検証していく必要があるだろう。学習指導要領の問題点が的確に抽出されている論考には、一例を挙げると竹内康浩「小学校・社会科歴史における日本と世界の関わり」(『釧路論叢』＜北海道教育大釧路校研究紀要＞第 46 号、2014 年)がある。一つひとつの事象の背景と本質に目を凝らす必用がある。

　「はじめに」において述べたように、筆者は歴史学研究から出発し、兼任校で「初等社会科教育研究法」を担当している立場から、本稿においては「伝統と文化の尊重、国や郷土を愛する態度」に着目し述べてきた。「愛国心と教育」の問題も今後の課題である。そして、道徳教育の原理と授業の方法論の重要性について、単に教職を目指すものだけでなく、人間、歴史、文化を考えていく上において有効な示唆を与えるものになりうることを企図していくことを明らかにすることにより、筆者の今後の道徳教育研究の序論としたい。

道徳教育における人物学習：東郷平八郎編
― 道徳教育の原理と方法（2）―

はじめに

　筆者は本稿に先だって「道徳教育の原理と方法：序論」という題目で執筆し、まず「伝統と文化の尊重、国や郷土を愛する態度」に着目し、所謂愛国心教育について論じた（『湘北紀要』第40号、ソニー学園湘北短期大学、2019年）。ここでも安達弘氏の『人物学習でつくる歴史学習』（明治図書、2001年）に言及し、氏の問題意識に危うさを感じることを記した。

　その安達氏の所説を考察していくために、本稿では氏が取り上げた東郷平八郎を具体的事例として検証していきたい。

安達弘氏の提唱について

（1）キーパーソン型人物学習について

　安達氏は「キーパーソン型人物学習」を提唱する。それを氏はどのように説明しているか。まず「はじめに」において「これは日本の歴史の『大きな物語』を考え、その物語の『キーパーソン』を選び、そのキーパーソンの思想・行動を『追体験』させるというが学習である」（3頁）と記している。即ち、「大きな物語」、「キーパーソン」、「追体験」を人物学習に欠かせない重要な三つの柱と考えているのである。

　それでは、「大きな物語」とは何か。氏は坂本多加雄氏の『象徴天皇制度と日本の来歴』（都市出版、1995年）、『歴史教育を考える』（PHP新書、1998年）を引用、ことに後者から「このように、この時代においては（19世紀後半の国民国家の形成期　筆者＜すなわち安達氏の＞注）、人々の心に『われわれ』＝『国民』という意識の層が成立することが必要とされ、そうした『われわれ』のアイデンティティを支えるもののなかで最も重要なものとして『国民の歴史』が浮かび上がってきたのである。こうした『国民の歴史』とは、『国民』を形成した人々が、過去から何を継承してきたか、今後それをどのように積極的に活かしていくかということを反省的に捉えて、物語として再構成されたものに他ならない（46頁）」ことを論拠として、「歴史は『国民』を成立させるために必要な『物語』なのである」と断言し、「私たち歴史教育に携わる者はまずこのことを自覚する必要があるだろう。これまでは、どこかに客観的な歴史があり、それを客観的に教えることができるような錯覚をしていたように思う。しかし、そんなものはない」と続け、「歴史教育の目的は日本人とし

ての国民意識の形成にある」として「このような明確な国民意識の形成をめざした歴史教育は国際理解教育でもある」とするのである（8−9頁）。

　次に「キーパーソン」について、安達氏は市井三郎著『哲学的分析 —社会・歴史・論理についての基礎的試論—』（岩波書店、1963年）を引用し、「いちじるしく歴史づくりに参与する個人を、わたしはキー・パースン（key−person）と呼ぶことにしている」として坂本竜馬を取り上げ、「竜馬的個人はその参与の特異な仕方によって、キー・パースンの一つの型を成している。力量すぐれたエリート的個人は、しかしキー・パースンの一つのタイプにすぎず、ヘーゲルのいったような『世界史的個人』にのみ、歴史づくりの主体性を見出す立場を、もちろん否定したい」（11−12頁）として、「キーパーソンは歴史上の『英雄』と呼ばれる人物だけを指すものではない」とまとめる（12頁）。

　三つ目に、安達氏は「何を『追体験』させるか決める」をあげ、「『大きな物語』を持つことで『キーパーソン』が決まる。では、この『キーパーソン』をどうやって小学生の子供たちに伝えたらよいか。これが最後の柱である」とする（16頁）。

　さて、安達氏は「『キーパーソン』の考え方は常に人物を越えた歴史の流れを前提にしている。この歴史の流れを含む『大きな物語』を創っている人物を歴史の『キーパーソン』として選び、教材にすることがたんなる伝記学習との分岐点になるはずである」、「私は前述の近現代史の『大きな物語』をもとに以下の十四人を選んでみた。この人物を選んだくわしい理由等については第2章の実践をお読みいただきたい」（15頁）として、

①　幕末期　　　吉田松陰・高杉晋作・坂本龍馬・西郷隆盛
②　明治前期　　大久保利通・大村益次郎・福沢諭吉・伊藤博文
③　明治後期　　東郷平八郎・与謝野晶子・小村寿太郎・陸奥宗光
④　大正期　　　原敬（山県有朋）
⑤　昭和前期　　？
⑥　昭和後期　　吉田茂

を挙げている。「なお、昭和時代の戦前戦中にあたる昭和前期の部分はまだ適切な人物を確定できないでいる。これは私がまだ昭和期の物語を明確にできないことに問題がある」としている（16頁）。

　安達氏は「その人物の『創意・決断・選択・行動』を教えることがキーパーソンそのものを教えること」として、「歴史の方向を決めることになった人物がどんな考えやアイデアを持っていたか？どんな決断を下したか？どんな行動をとったか？…人物のこうした部分を実感をもって具体的に伝えるのが、歴史教育における人物学習の役割であろう」（17頁）と考える[1]。

（2）東郷平八郎を事例として

　安達氏は、表題に「東郷平八郎　世界中の人々を歓喜させた日本海海戦の歴史的意義を教える」（113頁）と掲げることにより、氏のねらいが明確に表されている。

　氏は授業の導入に「三笠艦橋の図」を掲げ、「この一枚の絵にこの後の授業展開に必要なアウトラインと最大のポイントが描き込まれている」として、「アウトラインとは『戦場』のことである。そして最大のポイントは『Z旗』のことである」と述べる（113頁）。

　授業展開については、「一枚の絵を観察させる」、「『皇国の興廃…』を検討する」、「お話を読む」、「日露戦争を世界はどう見たか？」とする。この「お話」において、「東郷平八郎と日本海海戦」というプリントを配る。そこには、まず日本海海戦の概説が記され、「（1）東郷の『Uターン・頭ねらい作戦』が適中した」、「（2）ふだんから射撃の腕をみがき『一斉打ち』をあみだした」、「（3）当日の天気が日本に有利だった」、「（4）下瀬火薬の威力が抜群だった」と「お話」が進み、最後に「これらの理由が重なって日本は日本海海戦でロシアに勝つことができました。ロシアの最後の切り札を、日本は完全にたたくことに成功しました。こうして日本は国の独立を守ることができたのです」とまとめる（122−123頁）。

　また、「日露戦争を世界はどう見たか？」の項目で、「さて、こうして日本は日本海海戦で勝利して植民地化を免れることができたのです。東郷平八郎の名前は世界的に有名になりました」と説明し、フィンランド製の東郷ビールを示す。そして、そのビールがフィンランドで何故作られたのかと発問し、然る後に「日本の勝利を喜んだ国はフィンランドだけではありません」として、2枚目のプリント配る。これは「日露戦争に勝った日本を世界はどう見たか？」と題され、フィンランド、トルコ、インド、ビルマ（今のミャンマー）、インドネシアについて説明がなされ、最後は「日露戦争の後、中国・ビルマ・ベトナム・インドなどから西洋の国からの独立をめざす人たちがどんどん日本にやってきました。独立のためには日本から学ぶ必要があると考えたからでしょう」と締めくくる（124−127頁）。

　以上により、安達氏の授業計画について、その梗概を知ることができる。

齋藤忠和氏の論考に学ぶ

　齋藤忠和氏には「小学校歴史教科書を読む〜日清・日露戦争の記述と東郷平八郎をめぐって〜」（『総合歴史教育』第51号、総合歴史教育研究会、2017年）という実証的な論考がある。

（1）歴史教科書の記述と東郷平八郎

　本論考は、まず「［Ⅰ］小学歴史教科書の日露戦争の記述と東郷平八郎」と題して「（1）教科書記述の変遷」について、6種の教科書が「題名」、「朝鮮半島に対する日本の欲求」、「朝鮮半島を巡る日清の対立」、「日本とイギリス」、「日清戦争の始まり」、「日清戦争の結果」、「戦後のロシアとの関係」、「日露戦争とポーツマス条約」、「日露戦争後の日本」、「アジア諸国への影響」、「戦後の朝鮮」の視点から整理され、諸論点が一目瞭然となっている。

以後、視点ごとに分析がなされ、東郷平八郎については戦後の日本の状況を記述する中で「戦争を勝利に導いたとしてもてはやされた」、「英雄とされた」と記され、戦争の記述の中でも同断であることが示されている。

　次に、「日本海海戦の評価」の項目が立てられ、教科書の扱いが示され、「日本海海戦は重要か」という節が立てられ、「①T（丁）字戦法はあったか」、「②日本海海戦の勝因」の二つの問題設定がなされた。①について、齋藤氏は諸研究を検討して「T字戦法の有無については意見が分かれるが敵前大回頭と T 字戦法による劇的な勝利は、のちの誇張であり、東郷の神格化とともに、定着したと見るべきであろう」と述べる。②については、諸説を整理し「東郷は津軽海峡への移動を決心していたが、一部部下の反対で対馬にとどまった」、「補助艦数・射撃精度・艦隊運動能力が優越」、「バルチック艦隊に厭戦気分が蔓延」、「無線機の十分な活用の有無」、「下瀬火薬の破壊力の大きさ」等に纏め、「東郷平八郎にのみその勝因をもとめるような評価は帝国日本の幻想を復活させようとしているかのようである」と述べる。最後に「日本海海戦の評価」について、田中宏巳氏の『秋山真之』（吉川弘文館、2004 年）を援用し、「教科書の記述は帝国日本が作り上げた幻想に基づくものであり、歴史学研究の成果と直結していない」と結論付ける。

（2）同記述から学びうる歴史とは何か

　本論考は、次に「[2] 同記述から学びうる歴史とは何か」と題して、「東郷平八郎という人物」、「小学校学習指導要領が示す人物とその扱い」、「東郷平八郎で教科書は何を教えようとしているか」[2]、「東郷平八郎の実像」と論旨を進める。

　この最後の実像において、「軍神とされた人物」、「月月火水木金金」、「海軍記念日」について説明がなされ、「東郷平八郎から学ぶべき事」として、「精神論ではなく、科学的で冷静な判断こそが重要であること」、「近代の戦う国家日本を象徴する神となった人物であり、平和を希求する日本国憲法の精神から考えても、反面教師として学ぶべき点がある」という真に皮肉な二点を挙げる。

安達氏と齋藤氏の違い

　ここでは両氏の違いについて、安達説から論点を上げ、それについて齋藤氏がどのように考えているか、明らかにしていく。

　まず、安達氏の「お話」の「(1) 東郷の『Uターン・頭ねらい作戦』が適中した」ことについて、齋藤氏は「T字戦法の有無について意見が分かれるが敵前大回頭とT字戦法による劇的な勝利は、のちの誇張であり、東郷の神格化とともに定着したと見るべきであろう」と述べる。「(2) ふだんから射撃の腕を磨き『一斉打ち』をあみだした」ことについて、齋藤氏は「月月火水木金金」の項目で「東郷は日本海海戦の後『百発百中の砲一門は能く百発一中の敵砲百門に対抗し得る』という名言（迷言）を残し、以後、数が足りなくても訓練や精度のいい兵士・兵器があれば勝てる、という考え方が日本海軍に蔓延していった」

と述べる。「(3) 当日の天気が日本に有利だった」ことについて、齋藤氏は言及していない。これは勝因として挙げ得る条件だろうか。「(4) 下瀬火薬の威力が抜群だった」ことについて、齋藤氏は日本海海戦の勝因の一条件として「下瀬火薬の破壊力の大きさ」が巷間に流布していることを指摘するが、氏の意図は「東郷平八郎にのみその勝因を求めるような評価は、」という文脈で挙げているのである。

　安達氏の「お話」は、最後にまず「これらの理由が重なって日本は日本海海戦でロシアに勝つことができました」と述べる。安達氏と齋藤氏の条件の挙げ方の相違に着目する必要がある。安達氏はついで「ロシアの最後の切り札を、日本は完全にたたくことに成功しました。こうして日本は国の独立を守ることができたのです」と述べる。齋藤氏は「小学歴史教科書の日露戦争の記述と東郷平八郎」における「教科書記述の変遷」において、「戦費負担に国民が苦しんだことは記され続けるものの、その記述は極めて簡素である。また、戦場となった中国や朝鮮半島の人々の様子は記さない」という教科書があることを例示する。安達氏が「日本は国の独立を守ることができた」ことについて、齋藤氏が「歴史教育に限ったことではないが、戦争の惨禍を学ばずして、『恒久の平和を念願し、人間相互の関係を支配する崇高な理想を深く自覚する（日本国憲法前文より）』日本国民（公民）の育成はあり得ない」と記していることを、筆者はその解答と考え重視する。

　なお安達氏の「お話」は司馬遼太郎の『坂の上の雲』を想起させる。氏も「授業づくりのための文献案内」の項目に同書を挙げていて、「いわずと知れた名作歴史小説である。日本海海戦は最後の方に出てくる。日露戦争そのものについて知るための必読文献である」と述べる（128頁）。筆者も同書が「名作歴史小説」であることは否定しないが、「歴史書」であるとは考えられない[3]。

人間形成について

　齋藤氏は、前掲論考において、「[3] 人間形成に如何に寄与できるのか」という章を立て、(1) 伝記と人間形成、(2) 道徳的人間形成、という二点から考察を進める。

　(1) については、鳥光美緒子・中西さやか・藤井佳世「人生の語りの解読の視点としての『人間形成に方向付けられた伝記研究』の動向をてがかりとして」（『教育学論集』第57集、2015年）を基にして、①自然発生概念を軸とした人間形成、②承認概念を軸とした人間形成、③反省概念を軸とした人間形成、以上3点から進める。

　① では「自発的な行動が人間形成を可能にする」のであり、そのためには「伝記的な自己省察を行うことで、自己の変化を革新」することが必要であるという前提で、「合理的で冷静な判断を行う必要であることは、学びうる」とする。

　②では「学校その他の承認基準とのコンフリクトの中で人は成功を志向し、自らの名誉という個人的な基準を作る」、「こうした社会との関係の中で、自己承認の基準を形成し、そこに合致する自己基準を設定することが人間形成につながる」という前提で、「社会の承認基準を、東郷のように国家から賞揚されることととらえるならば、国家に対する貢献の

大きさが自己承認の基準となり、国家に対する忠誠心が人間形成に有意となる。しかし、それは、個の軽視、ひいては民主主義を阻害するものとなろう」と警鐘を鳴らす。

③では「人間形成の理論的基礎を伝記という具体的で直観可能なものとして提示し、人間形成過程を自己と世界との相互作用が織りなす複合的なプロセスとし、自省することでそれを豊かにする」という前提で、「社会と自己との関係のなかで、個と共同体との関係を真摯に考え、自己のこれまでを自省するという方向で思考を深めることができるならば、教材となろう」という条件付きの意見を述べる。そして「いずれの観点から見ても、教科書の記述をそのまま教えるだけでは人間形成に寄与することはない」と断ずるのである。

至当な見解である。

（2）については、山邊光宏氏の人間形成の分類、即ち①社会化を援助すること、②人格化を援助すること、という二点を用いて分析する（『人間形成の基礎理論』東信堂、2015年）。

①では「社会的諸規範への個々人の適合、期待されている社会的役割への順応であり、集団的風習や慣習の同化などを助成するものである」ということ、

②では「人格化とは、道徳的不自由の段階から、理性と良心による道徳的自己決定の段階への解放の形成期である。ただし、人格化の援助は、あらゆる独断的な絶対的原理や要求を放棄しなくてはならないため、それはいかなる価値確信をも絶対的、無条件的、固定的なものとして鼓吹してはならない。それゆえ教え込み（indoctrination）は許されない」という二点を前提とするものの、まず齋藤氏は「山邊のいう①と②は矛盾を孕んでおり、そのまま同意できるものではない」とする。ついで「東郷に関する記述は、①に関しては、国家という共同体への帰属意識の強化には資することができる。また②に関して言えば、理性や良心による道徳的決定とは無縁であり、資する点があるとは考えにくい」と述べ、「いずれにしても、教科書的な東郷平八郎の記述・評価が、人間形成に寄与することはない」と結論付ける。

それでは、人間形成と人物学習はどのように関われるのであろうか。

人物学習の重要性を考える

さて、渡部治氏（淑徳大学名誉教授）は、「道徳教育再考」をものされ、「人物教育の重要性」について論じられた（『国際経営・文化研究』第18巻第1号、淑徳大学国際コミュニケーション学会、2013年）。氏は「教育基本法はその第1条に教育の目的を述べ、『人格の完成』にあるとしているが、道徳教育もまた人間性における高い道徳性の涵養をめざしている。その意味で、道徳教育が人倫的な普遍性を目指すことを私は否定しない。しかし同時にその人倫的な普遍性は、深くその民族の文化と伝統に媒介されるものでなくてはならない。ありていに言えば、自分が生まれ育った歴史と文化（特殊なるもの）への熟知なくして世界人（普遍的なるもの）たることもできないのである」と主張する。

氏は新しい道徳指導要領の構成と内容について「端的に言って、あまりに『味気ない』のである。根底にあるべき『哲学的骨格』が不在なのである。歴史的、文化的深みに欠けるのである」、「生徒の生活の領域を四つの範疇で整理し、各範疇における課題を提示している」「これらの各範疇に小、中学校それぞれに相当数の課題が提示されている」、「残念ながらこの四つの柱の向う側に私はそれらが出てきた歴史や文化の根というものを見出すことができなかったのである。日本の文化的歴史的背骨といったものがみられない。道徳教育がそのようなものと別物とは私は考えられないがゆえに、私は個の存在がそのようなみずからの文化と歴史に向き合うことによって道徳性の地盤というものができてくると考えるものであるが、それが欠落するところ、この枠組みははなはだ膨らみに欠ける形式的しつけ論に堕してしまう恐れなしとしないのではないか」と論じる。

　そして、氏は「この形式的なしつけ論から脱する教材は何であろうか。そのひとつに私は歴史的な人物の学習を位置づけたいのである。それならば、道徳教育は歴史教育とおのずから深い連携をもたねばならないであろう」と問題提起する。当然のことながら、氏は「人物の学習は戦前の修身では重要な意味を持っていた。それは徳目主義と並んで修身科の重要な柱を構成してもいた」、「かつての硬直した人物主義教育をそのまま再現せよというのではむろんない」として、「かつての教育を顧みれば、それは人物を通じて徳目を生徒に無条件に『刷り込んで』ゆくというところに特色をもつものであったから、いきおい、そこで描かれる人間像は形式的で完全無欠のものとなり、人間らしい弱さ（あるいは人間性の全体）は封印されるようになってしまったといってもよいのである。それはまさに観念（徳目）優先のための道具と化した人間像であったといってもよいだろう」と述べる。

　そのうえで、「私が言いたいのは、道徳性は人間が背負うものであるがゆえに、道徳性を問うためには、歴史を背負い生きてきた人間のありのままの理解が必要であるということである。この『ありのまま』ということが実に重要である。『偉人』というのもこの脈絡のなかで理解されなければなるまい。私たちがかれらを『偉人』と呼び得るのは、彼らがそれぞれの立場から時代が彼らに課した課題に真正面から向き合ったというところにある。

　この人生の誠実性こそが、私たちが『偉人』に学び得る要点なのであり、ことの成否は第二義的な問題である。彼らの人生は時代の課題とそれに立ち向かった人間の生き様を、その個人性を越えて典型的に顕現してもいる。それゆえ、私たちは彼らの生きた道筋をありのままにたどることによって、人間の持ちうる強さも弱さも、あるいは別の言い方をすれば、人間の人生が持ちうる豊かさと厳しさをさながらに見ることができるのである。また彼らの人生を通してその時代の課題や矛盾をみることもできるのである」と説くのである[4]。

おわりに

　安達弘氏は、坂本多加雄、市井三郎の著書を援用しつつ、「キーパーソン型人物学習」を提唱した。その内実を検証するために、東郷平八郎を具体的事例とした。東郷についての安達見解を齋藤忠和氏の実証的研究に照らし合わせ、その結果は「東郷平八郎にのみその勝因をもとめるような評価は帝国日本の幻想を復活させようとしているかのようである」という齋藤見解に帰趨したのであった。齋藤見解の根底には、教師が新しい歴史学研究の成果を充分に反映していないという実態がある[5]。

　齋藤氏は、最後に「人間形成に如何に寄与できるのか」という章を立て、「教科書的な東郷平八郎の記述・評価が、人間形成に寄与することはない」と結論づけた。

　ではどこに問題があるのか。渡部治氏は「人物学習の重要性」を訴え、「道徳教育は歴史教育とおのずから深い連携を持たなければならない」と論じる。それは歴史上の人物について、齋藤氏の説く最新の歴史学研究の成果によることは言を俟たない。そのうえで、渡部氏の「道徳性は人間が背負うものであるがゆえに、道徳性を問うためには、歴史を背負い生きてきた人間のありのままの理解が必要であるということである。この『ありのまま』ということが実に重要である」、「私たちは彼ら（『偉人』：引用者註）の生きた道筋をありのままにたどることによって、人間の持ちうる強さも弱さも、あるいは別の言い方をすれば、人間の人生が持ちうる豊かさと厳しさをさながらに見ることができるのである。また彼らの人生を通してその時代の課題や矛盾をみることもできるのである」と説く。

　今後の課題として、筆者は渡部説を具現するために、人物学習における具体的事例を積み重ねていきたい[6]。

【付記】

　今から 15 年前、2004 年は日露戦争が開戦から 100 年を迎えたということにより、この戦争をテーマとした著作が刊行され、総合雑誌も特集を組んだ。

　そのなかで筆者を裨益したものに、小森陽一・成田龍一編著『日露戦争スタディーズ』（紀伊國屋書店、2004 年 2 月 10 日）がある。因みにこの 2 月 10 日は対露宣戦布告した日である。ここでは編著者の二人が、「まえがきにかえて」として「対談・いまなぜ日露戦争か」を行なっていることを紹介したい。本編は冒頭に『詳説日本史』（山川出版社、2003 年）の日露戦争の記述を挙げる。然る後の対談は、「いかに語られてきたか—日露戦争研究のはじまり」、「1970 年前後の時代状況の中で」、「国民化のプロセスとしての日露戦争」、「思考停止と忘却に抗して」、「帝国化と民主化と」、「いま日露戦争を語り直す意義」と展開する。成田氏のみの論旨としては、「帝国にデモクラシーをもたらす—戦後まで射程に議論を」（「朝日新聞」2004 年 2 月 16 日付）にその梗概が示されている。

　なお、本書には北原恵氏の「『三笠艦橋の図』と歴史の記憶」があり、その冒頭は本稿で取り上げた安達弘氏の授業風景の一節から始まる。各編、読み応えのある論説である。

【註】

1　例えば今野日出晴「物語として歴史を語るということ」（『歴史学と歴史教育の構図』所収、東京大学出版会、2008年）参照。

2　昭和9年発行の『尋常科用　小学国語読本』6年に「東郷司令長官」として、大正9年発行の『尋常小学国史』6年に「東郷平八郎」として掲載されている。

3　福井雄三『「坂の上の雲」に隠された歴史の真実　─明治と昭和の虚像と実像─』（主婦の友社、2004年）参照。

4　真にその通りである。筆者がライフワークにしている下村湖人研究も、如上の考えに共鳴して進めている。近刊の「下村湖人と台北高等学校」（『人物研究』第43号、近代人物研究会、2019年6月）においては、湖人が台北高等学校校長を何故に辞せざるを得なかったか、学生のストライキ事件に関連して林原耕三教授を辞職させた過誤を犯した、他者を傷つけた過程を論じたのである。

5　齋藤氏は「優れた授業」の条件として、「第一に歴史学研究の成果を反映していること、第二にそれを明解に伝えるための創意工夫があること、と考える」と述べている（「小学生に授業を　─優れた社会科歴史の授業とはなにか─」『比較文化研究』第123号、日本比較文化学会、2016年）。

6　筆者の母校・高崎市立中央小学校は、かつて『伝記書の分析と指導　─子ども向け伝記書の研究─』（全国学校図書館協議会、1960年）という263頁に亘る研究書を出しているのである。この機会に再度精読したいと考える。

道徳教育における人物学習：北条時宗編

― 道徳教育の原理と方法（3）―

はじめに

　本稿に先だって、筆者は「道徳教育における人物学習：東郷平八郎編 ―道徳教育の原理と方法（2）―」（『総合歴史教育』第53号、総合歴教育研究会、2019年）を著した。それをお読みくださった方から、「ところで日本史における『人物学習』[1]はどうなっていますか」というお訊ねをうけた。本稿はそのお応えの一端にもなるであろうと、筆者が研究蓄積を有するモンゴル襲来研究[2]から取り上げたテーマである。

　標題をご覧になられた方は、「なぜいまさら北条時宗？」と思われた向きもあろうかと思う。筆者にも同じ思いはある。

　ところが、モンゴル襲来の歴史認識に関して荒唐無稽な意見を述べる識者が、今なお一定数存在するのである。そのような状況に危機感を覚える筆者が、モンゴル襲来を事例に、さらに進んで道徳教育の中で北条時宗を論じようと企図したものである。

問題の所在

　筆者は数年前に次のようなことを書いたのであった。

　筆者が問題ありと考える点に、識者といわれる人々の理解の実態がある。例えば、渡部昇一氏は『日本史から見た日本人・鎌倉編 ―「日本型」行動原理の確立―』（祥伝社、1989年）所収の「初の国難・元寇―勝者の悲劇」において、自らの子どものころの体験として「何だか知らないが一番怖いものはモッコなんだよ」という体験を語っている（35頁）。自らの体験を率直に述べることは、それはそれでよいのだが、そのすぐ後に「東アジア唯一の『独立国』日本」という項目があり、「クビライ・カンこと元の世祖が日本を属国にしようと思ったときに、はじめは簡単なことと思っていたらしい。朝鮮半島は、ほとんど何の抵抗もなく元の威風に屈したのであるから、その先の島のことなどは、ちょっと脅せば従うはずだ、と考えたのも無理はない」と述べている（36－37頁）。いやはやお粗末な記述である。

　はたまた、渡部昇一氏のみならず井沢元彦氏にも問題記述が存在する。[3]

　　井沢氏には『逆説の日本史 ―中世神風編―』（小学館、1998年／奥付に、初出は『週刊ポスト』1996年11月22日号～98年1月1・9日号に連載したものを再構成、とあり）におけるモンゴル民族についての発言がある。

　　すなわち井沢氏は「もともと遊牧民族は、中原に住む漢民族にとって野蛮人以外の何者でもなかった。一か所に定住せず、常に移動している彼等に、『腰を据えた文化』な

ど築きようもなく、」と説明するくだりがある（212－213頁）。井沢氏の発言は、まさに片倉氏の指摘する「蒙古夷狄観」や「遊牧・狩猟民族に対する偏見の再生産」に合致するものである。

　私は、そのおよそ10年前に「高校世界史における内陸アジア遊牧民の生活文化」（『総合歴史教育』第23号、総合歴史教育研究会）を書いた。そこでは高校世界史教科書6社 11 種類を取り上げ、「遊牧がどのように理解されているか」及び「遊牧民族の生活と文化がいかに語られているか」の二点から分析したものであった。その結果、その記述が精粗さまざまであることがわかり、いくつかの問題点が指摘できた。まず遊牧についての定義、基本的な生活様式についての理解などに、根本的な問題が存在した。また、安易に遊牧経済を農耕経済と比較する記述も見られる。これらについては、両者の生活原理は全く異なっている、というところから出発する必要があろう。概して、執筆者の理解に疑問符が付いたのであった。換言すれば、執筆者に人を得ていない、あるいは勉強不足であるとも言いうるであろう。

　井沢氏の発言もその類いである。「蒙古夷狄観」も遊牧文化に対する理解の欠如に起因すると考えられる。

　如上、両氏のうち渡部氏の論述は形を変えて今なお生き続けているといえる。それは渡部昇一著『渡部昇一の少年日本史 ―日本人にしか見えない虹を見る―』（致知出版社、2017年）である。同書においては、「第三章　武士政権の誕生と荒ぶる天皇の逆襲【中世】」が立てられ、「【元寇】蒙古の侵略に吹いた二度の神風と幕府の疲弊」という節にモンゴル襲来の説明がなされる。

　そこでは、前記引用における「クビライ・カンこと元の世祖が日本を属国にしようと思ったときに、はじめは簡単なことと思っていたらしい」と言う記述は消えているものの、まず章題における「二度の神風」という問題点を取り上げることにする。渡部昇一氏は、「元軍は海上へ後退しました。そこに嵐が来て多数の船が転覆し、残った元軍は引き揚げていったのです。このときの大風を指して『神風が吹いた』と言うようになりました」と述べるのである。

　従来の見解からいくと、文永・弘安の両役で吹いたという所謂「神風」は、神国思想の象徴であることから、本来は思想史的に考えるべきことであるが、ここではその実態について述べることにする。その理由の一端は、脚本家の早坂暁氏にも「二度まで」「台風は正面から遭遇」という初歩的な誤りを含んだ記述があり（「國難 ―蒙古来たる」『毎日新聞』1998 年 10 月 11 日付）、そのような理解が今もって存在していることによる。つまり、弘安の役は台風がその最終局面に吹いたわけであるが、文永の役については大風雨があったのかどうかという問題である。

　当時の定説は朝鮮史料である『東国通鑑』をおもな典拠として、モンゴル軍は大風雨によって敗退した、ということであった。ところが、気象学者の荒川秀俊氏は「文永の役の

終わりを告げたのは台風ではない」(『日本歴史』第 120 号、1958 年)という論文を発表し、10 月 20 日(現行の新暦では 11 月 26 日)はすでに台風シーズンの去ったあとであり、また信頼すべき文書に大風雨が起こった証拠はないとして、文永の役に大風雨があったというのは弘安の役と混同したのではないかと推定し、モンゴル軍の退去は予定の撤収作戦であった、と結論付けたのである。

　この荒川説を契機に「神風」論争が置き、まず「いや吹いた」という反論に移り、その後「いつ、どこで吹いたか」という点に絞られていった。川添昭二氏 [4] は『日蓮 —その思想・行動と蒙古襲来—』(清水書院、1971 年、後に『日蓮と蒙古襲来』と改題・出版)において、新史料の発掘によりモンゴル軍が 10 月 20 日から 11 月に合浦に帰還するまでの間に「神風」にあったことを立証した。そして、それがいつであったかということについては、20 日夜、20 日夜から蒙古軍が合浦に帰還するまでのある時点、20 日夜から合浦に帰還するまでの間、という三説が成立しうるとして、氏は通説の 20 日夜をいちおう支持したが(『日蓮と蒙古襲来』161－169 頁)、三説のうちどれに帰着するかは現在のところも未解決であると言ってよい。

　それゆえ、『岩波　日本史辞典』(岩波書店、1999 年)は「元側は自主撤退し、帰途に暴風雨の被害を受けた」という曖昧な記述を採っている。一方、海津一朗氏は「同夜、海上の船に引き上げた元軍は、夜半の暴風により」(「文永・弘安の役」『日本歴史大事典』第 3 巻所収、小学館、2001 年)と明言しているが、小林一岳氏は「従来では前日の夜に暴風雨があり、いわゆる『神風』が吹いて蒙古の軍船を沈めたとされる事態である。しかし、最近では遠征軍の内部分裂と、思ったより強烈な日本軍の抵抗から撤退を決め、帰還する途中で嵐に遭遇したのではないかと考えられている」とする(『元寇と南北朝の動乱』<『日本中世の歴史』第 4 巻>、吉川弘文館、2009 年、33－34 頁)。

　すなわち、渡部昇一氏は文永の役の顛末としては「神風説」を取っているのである。氏は前掲『渡部昇一の少年日本史』の「あとがき」において、「私は本書を書くにあたって日本史の参考書を積み上げて詳しく調べて書くというやり方をわざと避けました。そして、日本史の中で私が重要だと考えている出来事を —言い方を変えれば、私が日本史に見た虹を— 参考文献に頼ることなく一気に語りました」と述べるのであるが、それでは問題は解決しないのである。

　氏の記述のうち、本稿では「江戸後期の歴史家である頼山陽は『日本楽府』という本の中で『相模太郎(時宗のこと)は肝、甕の如し』と言っています。時宗は肝っ玉の据わった稀有な大将だったのです。この時宗がいたからこそ、日本軍は蒙古の二度の襲来を跳ね返すことができたと言っていいでしょう」という点を取り上げることにする。[5]

　なお、頼山陽は『日本外史』において、まずモンゴルの国書について「時宗、その書辞の無礼なるを以て、執って不可となす」と述べ、時宗について「幼にして射を善くす」、「時に年十一、馬に跨って出で、一発にして中つ。万衆斉しく呼ぶ。時頼曰く『此の児必ず負荷に任へん』と」、「元、復た我が辺を窺わざるは、時宗の力なり」と記したのであった。[6]

北条時宗の人物像

　川添昭二氏は、従来の北条時宗諸伝を踏まえ、自らの創見を取り入れて『北条時宗』（吉川弘文館、2001年）を執筆した。その創見とは、「時宗の公私の側面を交差させながら、政治的・宗教的・文化的個性を少しでも明らかにし、人と時代の実相に迫るべく努めた」、「日蒙関係の叙述方針については、侵攻された、いわば被害の側面からばかりは見ていないことと、後世の評価も適宜とりいれて時宗の全体像を描こうとしている」（「まえがき」）点にあるといえる。

　その結論として、川添氏は「二月騒動でみせた一門名越氏と庶兄時輔の討伐、時章誅殺者の斬首は、父時頼の一門名越（江馬）光時の制圧・雄族三浦氏の討伐に比べて、その規模はともかく、酷烈の度は、むしろ強い。その非情さが、禅的精進など自己修養と離れることなく、『果断』として、政治・軍事にわたる専権行使となり、『巨敵』蒙古撃退の指導力となっていたのではあるまいか」、「時宗は、私的側面から見れば、家庭人としての情愛などを関係資料から読み取ることができるし、在家禅者としての宗教的性格の強い、そして中国系の学芸詩文を好む武家権門教養人であった。蒙古襲来という時代との不離な関係のなかで、政治実権者としての側面から見れば、周到さとともに非情・専断を指摘できるが、とにかく、時代を精一杯生きた人であった」と記すのである（273頁）。

　ということは、時宗の実像を描くとなると上記のことしか言えないのである。時宗伝の著者諸氏が書き連ねることは想像の産物である。頼山陽も渡部昇一氏も例外ではない[7]。

　そこで渡部昇一氏の時宗像はさておき、歴史教科書ではどのように述べられているか、見ていくことにしたい。

　まず何故に歴史教科書なのか、という問いに応えておきたい。唐澤富太郎氏は膨大な教科書研究の蓄積をもち、例えば「（修身の国定教科書：引用者註）第Ｖ期においては、全教科書が国史に焦点を合わせているのであり、国史重視の性格がこの期の教科書を著しく特色づけている」（『唐澤富太郎著作集』第7巻　＜教科書の歴史 ― 教科書と日本人の形成（下）＞、ぎょうせい、1990年、43頁）と述べ、豊泉清浩氏は「『大日本は神国なり』と言う命題を繰り返し掲げて、児童に神国観念を徹底するよう努力し、特に元寇の折に吹いた暴風を『神風』と強調した」と記すのである。[8]

　ここで国定教科書を全6期より、①は題目、②は文永の役の結末として「風」に言及しているか、③は時宗の事績をあげる（原文のまま引用の際は「」で示した）。[9]

　　a.『小学日本歴史』（第1期国定歴史教科書、明治36年＜1903＞文部省刊）
　　　①「第十九　元寇」
　　　②　記述なし
　　　③　記述なし
　　b.『尋常小学日本歴史』（第2期国定歴史教科書[10]、明治42年＜1909＞文部省刊）

①「第二十　元寇」

②　記述なし

③　記述なし

c.『尋常小学国史』（第3期国定歴史教科書、大正9年＜1920＞文部省刊）

①「第二十一　北条時宗」

②　記述なし

③「時宗は時頼の子にして、相模太郎といふ。生まれつき豪気にして弓の上手なり。かつて将軍武人を召して弓を射させたる時、人々みな射そんぜんことを恐れて、ためらひたるに、わずかに十一歳なる時宗は、少しも臆する色なく、ひとり馬に乗りて進み出て一矢にて的に射あて、大いに誉をあげたることあり」／「亀山上皇は大いに之を憂へたまへかしこくも御身を以て国難に代らんことを伊勢の神宮に祈りたまひ、」／「近く明治天皇は、時宗の大功を賞したまひて、特に従一位を贈りたまへり」

d.『尋常小学国史』（第4期国定歴史教科書、昭和9年＜1934＞文部省）

①「第二十一　北条時宗」

②　記述なし

③　時宗十一歳の時、弓にて誉をあげる。

e.『小学国史　尋常科用』（第5期国定歴史教科書、昭和15年＜1940＞文部省刊）

①「第二十一　北条時宗」

②　記述なし

③「時宗は、その手紙の無礼なのを見て大いに怒り、使いをただちに追ひかへしてしまった」／「時宗、十一歳の時の弓の誉れ」／明治天皇が時宗に従一位を贈った。

f.『初等科国史』（第6期国定教科書、昭和18年＜1943＞文部省刊）

①「第五　鎌倉武士」「三　神風」

②「この奮戦が通じ、博多の海に、波風が立ち始めました。敵は海上の船を心配したのか、それともわが軍の夜討ちを恐れたのか、ひとまづ船は引きあげて行きました。夜にはいって、風はますますはげしく、敵船は、次から次へと、くつがへりました。…」

③　記述なし

　以上より、時宗像が具体的に描かれるようになるのは、1920年の第3期国定歴史教科書『尋常小学国史』からであり、渡部昇一氏が文永の役の際にも吹いたという「神風」の記述は、1943年の『初等科国史』に始まることがわかる。

修身と国史の関係

　さて、唐澤氏が「全教科書が国史に焦点を合わせているのであり」と述べていることから、国定歴史教科書第 6 期にあたる『初等科国史』におけるモンゴル襲来の記述を見ておくことにする。その分析項目は、①題目、②蒙古の国書、③文永の役の顛末、④蒙古軍の戦術及び幕府の対応策、⑤弘安の役とその顛末、⑥第３次日本遠征、⑦その他の特記事項、⑧意義、以上の８項目とした。なお、「　」の部分は教科書からの抜粋であり、その他は要約である。

　①　「第五　鎌倉武士」「三　神風」
　②　「その文章があまりにも無礼なので、朝廷では、返書をお与えになりません。」
　③文永十一年（紀元一千九百三十四年）／宗助国の戦死／「この奮戦が通じ、博多の海に、波風が立ち始めました。敵は海上の船を心配したのか、それともわが軍の夜討ちを恐れたのか、ひとまづ船は引きあげて行きました。夜にはいって、風はますますはげしく、敵船は、次から次へと、くつがへりました。…」／「これを世に文永の役といひます」
　④「敵のすぐれた兵器、変った戦法になやまされて、」／「元は国の面目にかけても、再征をくはだてるつもりで、すでに、いやがる高麗に命じて、船を造らせてゐましたし、」／博多湾いったいに石塁を築く／「軍船を整へ、進んで敵地に攻めこむ計画さへ立てました。これを聞くと国民の血は、一せいにわきたちました。肥後の井芹秀重といふ老人や、真阿といふ老尼までが、身の不自由をかへりみず、たよりにする子や孫を、国のためにささげようといふ意気にもえたちました」
　⑤「紀元一千九百四十一年、弘安四年」／河野通有、菊池武房、竹崎季長の奮戦／「敵艦は博多の湾をうづめつくしました。大日本は神国であります。風はふたたび吹きすさび、さか巻く波は数千の敵艦をもみにもんで、かたはしから撃ちくだき、くつがへしました。わが将士は、日ごろの勇気を百倍にして、残敵をおそひ、たちまちこれをみな殺しにしました。敵艦全滅の報は、ただちに太宰府から京都へ鎌倉へと伝へられ、戦勝の喜びは、波紋のやうに、国々へひろがりました。世に、これを弘安の役といひ、文永の役と合はせて、元寇を呼んでいます」
　⑥「元は、さらに、第三回の出兵をくはだてましたが、すでにわが国威におぢけついてゐましたし、それに思はぬ内わもめが起って、とうとうあきらめました」
　⑦「日本武士の魂が、果して、かれらの進撃をゆるすでせうか」／「国民いっぱんに節約を命じて、軍費をたくはへさせたり、」／「亀山天皇は、皇大神宮に、御身を以て国難に代ることをお祈りになりました。社といふ社、寺といふ寺、真心こめた国民が満ちあふれました」

⑧「敵は世界最強をほこる元であり、従ってわが国としては、かつてためしのない大きな国難であります」／「思へば元寇は、国初以来最大の国難であり、前後三十余年にわたる長期の戦いでありました。かうした大難を、よく乗り越えることのできたのは、ひとへに神国の然らしめたところであります」／「武士の勇武は、みごとに大敵をくじき、民草もまた分に応じて、国のために働きました。まったく国中が一体となって、この国難に当り、これに打ちかったのですが、それといふのも、すべて御稜威にほかならないのであり、神のまもりも、かうした上下一体の国がらなればこそ、くしくも現れるのであります」（以下省略）

　ここでは、その題目を「神風」として、それに関連させて文永の役の結末が大風雨によるという記述が初めて現れる、また時宗像が一切消されているところに注意すべきである。
　前章で引用した豊泉清浩氏の論考、「第五期国定修身書」と題するところに、氏は全面的に唐澤氏に拠りつつ、

　　　唐澤によれば、「比類なき国体『神国日本』を注入する超国家主義的教材は、児童に『皇国の使命』を自覚させる大前提であり、その量、その取り扱い方は、前四期のそれとは全く隔絶したものであった。」戦争の美化・正当化は、さらに現実の戦争に参加し、文字どおり「滅私奉公」「尽忠報国」の臣民の姿を児童の前に示すことになる。そして「国民皆兵」の自覚が、教え込まれた。「神国日本」の国家観が植えつけられ、そこから発源する「八紘為宇」の大使命を自覚させられた「少国民」は、次にその実践者、「皇運扶翼」の「皇国民」として「錬成」されるのである。（35－36頁）

と述べるのである。
　まさに『初等科国史』は、「国民の血は、一せいにわきたちました」、「肥後の井芹秀重といふ老人や、真阿といふ老尼までが、身の不自由をかへりみず、たよりにする子や孫を、国のためにささげようといふ意気にもえたちました」、「大日本は神国であります。風はふたたび吹きすさび、さか巻く波は数千の敵艦をもみにもんで、かたはしから撃ちくだき、くつがへしました。わが将士は、日ごろの勇気を百倍にして、残敵をおそひ、たちまちこれをみな殺しにしました」、「日本武士の魂が、果して、かれらの進撃をゆるすでせうか」、「国民いっぱんに節約を命じて、軍費をたくはへさせたり、」と著すことにり、豊泉氏の記す「日本の国を守る考えを持たせ、戦争に備える力を養うような教育に努めていることが見られる」（36頁）のである。
　ここで問題点をひとつ挙げておく。当時の人々が「国家」をどのように考えていたか、ということである[11]。

以上をもって、この章の記述を終わりとするが、ここにこそ綿密な考証を必要とすると考えている。

人物学習のあり方

　2019年5月26日、全国私立大学教職課程協会第39回研究大会（於近畿大学）において、原口友輝氏（中京大学）「『考える道徳』について考える —歴史的事例学習を通した道徳教育の試み—」を聴講した。そのなかで、氏は「杉原千畝についての授業」に言及された。

　筆者はそこで2点のことを想起した。一つは、安達弘氏が提唱する「キーパーソン型人物学習」についてである。安達氏は「これは日本の歴史の『大きな物語』を考え、その物語の『キーパーソン』を選び、そのキーパーソンの思想・行動を『追体験』させるのである」と述べる（『人物学習でつくる歴史学習』明治図書、2001年、3頁）。氏は「近現代史の『大きな物語』をもとに以下の十四人を選んでみた」（15頁）、「なお、昭和時代の戦前戦中にあたる昭和前期の部分はまだ適切な人物を確定できないでいる。これは私がまだ昭和期の物語を明確にできないことに問題がある」（16頁）とする。筆者は安達氏のキーパーソン型人物学習を仮に認めたとして、杉原千畝は格好の事例になると考えたのである。安達氏は臼井氏のいう「英雄偏重」に陥っているのである。

　二つ目は、原口氏の発表の際のフロアーからの質問であった。その方も杉原を授業で扱ったようであり、学生からの質問として「杉原の行動に彼の家族は心配した。そのような人物を取り上げるのはいかがか」という趣旨に筆者は理解したのである。

　そこで、筆者は渡部治氏（淑徳大学名誉教授）の「人物教育の重要性」の提唱に賛同するものである。それは、氏の「道徳教育再考」で展開されたものであった（『国際経営・文化研究』第18巻第1号、淑徳大学国際コミュニケーション学会、2013年）。

　氏は「教育基本法はその第1条に教育の目的を述べ、『人格の完成』にあるとしているが、道徳教育もまた人間性における高い道徳性の涵養をめざしている。その意味で、道徳教育が人倫的な普遍性を目指すことを私は否定しない。しかし同時にその人倫的な普遍性は、深くその民族の文化と伝統に媒介されるものでなくてはならない。ありていに言えば、自分が生まれ育った歴史と文化（特殊なるもの）への熟知なくして世界人（普遍的なるもの）たることもできないのである」と主張する。

　氏は新しい道徳指導要領の構成と内容について「端的に言って、あまりに『味気ない』のである。根底にあるべき『哲学的骨格』が不在なのである。歴史的、文化的深みに欠けるのである」、「生徒の生活の領域を四つの範疇で整理し、各範疇における課題を提示している」、「これらの各範疇に小、中学校それぞれに相当数の課題が提示されている」、「残念ながらこの四つの柱の向う側に私はそれらが出てきた歴史や文化の根というものを見出すことができなかったのである。日本の文化的歴史的背骨といったものがみられない。道徳教育がそのようなものと別物とは私は考えられないがゆえに、私は個の存在がそのような

みずからの文化と歴史に向き合うことによって道徳性の地盤というものができてくると考えるものであるが、それが欠落するところ、この枠組みははなはだ膨らみに欠ける形式的しつけ論に堕してしまう恐れなしとしないのではないか」と論じる。

そして、氏は「この形式的なしつけ論から脱する教材は何であろうか。そのひとつに私は歴史的な人物の学習を位置づけたいのである。それならば、道徳教育は歴史教育とおのずから深い連携をもたねばならないであろう」と問題提起する。当然のことながら、氏は「人物の学習は戦前の修身では重要な意味を持っていた。それは徳目主義と並んで修身科の重要な柱を構成してもいた」、「かつての硬直した人物主義教育をそのまま再現せよというのではむろんない」として、「かつての教育を顧みれば、それは人物を通じて徳目を生徒に無条件に『刷り込んで』ゆくというところに特色をもつものであったから、いきおい、そこで描かれる人間像は形式的で完全無欠のものとなり、人間らしい弱さ（あるいは人間性の全体）は封印されるようになってしまったといってもよいのである。それはまさに観念（徳目）優先のための道具と化した人間像であったといってもよいだろう」と述べる。そのうえで、「私が言いたいのは、道徳性は人間が背負うものであるがゆえに、道徳性を問うためには、歴史を背負い生きてきた人間のありのままの理解が必要であるということである。この『ありのまま』ということが実に重要である。『偉人』というのもこの脈絡のなかで理解されなければなるまい。私たちがかれらを『偉人』と呼び得るのは、彼らがそれぞれの立場から時代が彼らに課した課題に真正面から向き合ったというところにある。この人生の誠実性こそが、私たちが『偉人』に学び得る要点なのであり、ことの成否は第二義的な問題である。彼らの人生は時代の課題とそれに立ち向かった人間の生き様を、その個人性を越えて典型的に顕現してもいる。それゆえ、私たちは彼らの生きた道筋をありのままにたどることによって、人間の持ちうる強さも弱さも、あるいは別の言い方をすれば、人間の人生が持ちうる豊かさと厳しさをさながらに見ることができるのである。また彼らの人生を通してその時代の課題や矛盾をみることもできるのである」と説くのである 。

要は「英雄偏重」、「徳目」を捨てることである。

おわりに

道徳教育における人物学習を考えていくに際し、歴史上の人物を検討する意義はある。ところが、歴史認識に関して荒唐無稽な意見を述べる識者が、今なお一定数存在するのである。

本稿では渡部昇一氏を事例として、その問題点を指摘してきた。その問題点とは「神風史観」である。モンゴル襲来、日本史でいう文永の役においてモンゴル軍は「神風」によって撃退されたという説である。

ここでは、筆者がいまだ紹介していない瀬野精一郎氏（早稲田大学名誉教授）のエッセイ「『神風』余話」を取り上げたい（「月報」10、『日本の中世』第9巻＜モンゴル襲来の衝

撃＞所収、中央公論社、2003 年）。氏は戦時下を小学生から中学生の時期として過ごした。その氏の言である。

　　戦時下は、いかに戦局が不利になっても、最後は神々の加護による奇蹟が生じて、日本が戦に勝利を得るという「必勝の信念」となった。
　　この、絶対に戦争には敗けることはない、との信念を日本人が持つようになった背景には、鎌倉時代に起きた二度のモンゴル襲来を、いずれも「神風」という大暴風が吹いて、潰滅、撃退できたとの実績があったことは疑いない。
　　かくいう私も敗戦の時、旧制中学校の二年生であったが、苦しい時の神頼みよろしく「神風」はいつ吹くのだろうと思っていた。しかしついに、『神風』は吹くことはなく、日本は敗れ、「神国」「神風」「神州不滅」という、永年にわたって日本人に信じられていた思想は、もろくも潰え去る。

エリート中学生と思しき瀬野少年も「神風」を信じていたのである。後年、研究者となった瀬野先生はまた次のように書く。弘安の役の際の台風によって壊滅したモンゴル軍船の遺物は鷹島周辺から多数引き上げられているのに対し、
　　博多湾内からは発見されていない。このことは、文永十一年には、博多湾内でモンゴル軍船が潰滅したものでないことを裏付けると思われる。
　　しかしなお大風雨被害説に固執して、モンゴル軍船が大被害を受けたのは博多湾内ではなく、帰還の途中と主張する研究者もいる。
　　この経緯から、いくら過去の科学的気象学の統計資料により、論証されても、一度植え付けられた「神風史観」からの脱却は容易でないことがわかる。
　　荒川氏の論文から、すでに四十余年を経過しているが、いまだに文永十一年にモンゴル軍船が博多湾内で「神風」により壊滅したとの記述を目にすることがある。

　　かつて私も高校用の日本史の教科書を執筆した時、「文永のモンゴル軍が日本から退いたのは、神風によるものではなく、予定の撤収であったとする説もある」と書いたのを、文部省の教科書調査官によって修正を求められたことがある。
　　修正を求める理由は、なお定説として確定していないことを教科書に書くのはいかがか、ということであった。これは年配の方で構成されている審議会委員の意見であったようである。

　　このことであえて裁判所の判断を求める気もなかった私は、本文記述を、脚注に変更することで妥協した。「説がある」と記述することさえ、これだけの反対意見があることを知り、日本人の意識の中に「神風」に対する思い入れが、なお根強く存在することを改めて認識したのであった。

と記しているのである。

　歴史学研究から出発している筆者にとって、齋藤忠和氏が主張する「優れた授業」の条件として、「第一に、歴史学研究の成果を反映していること、第二にそれを明確に伝えるための創意工夫があること、と考えている」と述べていることは、ごく自然なことである（「小学生に授業を ―優れた社会科歴史の授業とはなにか―」『比較文化研究』第 123 号、日本比較文化学会、2016 年）。

　また、渡部昇一氏の主張するところの「日本人にしか見えない虹を見る【歴史の見方】」（『渡部昇一の少年日本史』における序章の題目）の「虹」とは何であろうか。氏は、「では、歴史とはなんだろう？イギリスのバーフィールドという学者は歴史を『虹』にたとえて説明しています」と紹介する。その詳細は割愛するが [12]、筆者には渡部氏の説く「虹」は「虚像」にしか見えない。

　では、どこから出発すればよいのか。渡部治氏は「人物教育の重要性」を訴え、「道徳教育は歴史教育とおのずから深い連携を持たなければならない」と論じる。それは歴史上の人物について、齋藤氏の説く最新の歴史学研究の成果によることは言を俟たない。そのうえで、渡部治氏の「道徳性は人間が背負うものであるがゆえに、道徳性を問うためには、歴史を背負い生きてきた人間のありのままの理解が必要であるということである。この『ありのまま』ということが実に重要である」、「私たちは彼ら（『偉人』：引用者註）の生きた道筋をありのままにたどることによって、人間の持ちうる強さも弱さも、あるいは別の言い方をすれば、人間の人生が持ちうる豊かさと厳しさをさながらに見ることができるのである。また彼らの人生を通してその時代の課題や矛盾をみることもできるのである」と説く。[13]

　最後に北条時宗をテーマとすることの妥当性について述べておきたい。村井章介氏は「蒙古襲来などというとんでもない事態に遭遇してしまったために、立場上、国を背負ってたたざるをえなかった、悩み多き凡人だった」がゆえに、「そのけなげさに心を動かされた」と述べるのである（『北条時宗と蒙古襲来―時代・世界・個人を読む―』日本放送出版協会、2001 年、252 頁）。この村井氏の記述を梃子に考えると、渡部治氏の「道徳性を問うためには、歴史を背負い生きてきた人間のありのままの理解が必要である」という主張に行き着く。即ち北条時宗は「英雄」としてではなく、「凡人」として時代にどのように向き合ったかという検証から始める必要がある。

　なお、日本史学習における時宗の取り扱いについては別稿を用意したい [14]。

【註】

1 臼井嘉一氏は「小学校の歴史学習については、学習指導要領では中学校・高等学校の歴史学習と対比して『人物の働きや代表的な文化遺産を中心に』展開するように指示されていますが、たしかに小学校の歴史学習は中学校・高等学校の歴史学習と対比して、小学校段階に相応した興味関心に沿った、まさに楽しい歴史学習をとりわけ必要とします」「ただし、資料・遺跡などにもとづいたお話や説明などによって、子どものなかに歴史的イメージを創り上げるという点に関しては、小・中・高で共通していることについても注意する必要があります」と述べる。そして「ところで学習指導要領では、上記において述べたように小学校の歴史学習の特性を表す意図から典型的な『人物』を42名指定し、さらに『近代的な文化産』もいくつか明示していますが、このような指定は小学校歴史学習の本質から見て必ずしも適切な方法とはいえません。ややもすると、『英雄偏重』で『民衆軽視』といわれかねない措置ともいえるからです」という批判もきちんと記している（「歴史学習の本質」『社会科の本質がわかる授業 ③ 歴史』所収、日本標準、2008年）。

   なお人物学習については1977版学習指導要領で、人物や文化遺産を通して歴史を具体的に理解させるという歴史学習の方法として示された（例えば、寺尾健夫「認知構成主義に基づく歴史人物学習の原理－アマーストプロジェクト単元「リンカーンと奴隷解放を奴隷解放を手がかりとして―」『社会科研究』第61号、全国社会科教育学会、2001年、1頁、参照」。

2 以下、筆者のモンゴル襲来研究を挙げる。①「東アジア世界のなかの蒙古襲来」（『総合歴史教育』第37号、総合歴史教育研究会、2001年）、②「明治期以降歴史教科書における蒙古襲来小考」（『共愛学園前橋国際大学論集』第2号、2002年）、③「蒙古襲来に関わる挿絵について」（『新島学園女子短期大学紀要』第22号、2002年）、④「歴史教科書における蒙古襲来に関わる挿絵一覧―筑波大学所蔵教科書を中心に―」（『新島学園女子大学紀要』第23号、2003年）、さらに ⑤「フーリア及びサックラー美術館訪問記―『蒙古襲来絵詞』参観を中心に―」（『新島学園女子短期大学紀要』第19号、2000年）⑥「異文化社会間における人間関係論の確立に向けての提言―歴史教育の重要性を中心にして―」（平成14年度私立大学教育研究高度化推進特別補助『異文化社会間における人間関係論の確立』所収、新島学園女子短期大学、2003年）があり、上記の集大成として、⑦「元寇！キミならどうする？―歴史教科書における『元寇』叙述をめぐって―」（『比較文化学の地平を拓く』所収、開文社出版、2014年）がある。

3 前掲「元寇！キミならどうする？」211－212頁。

4 川添氏には名著『蒙古襲来研究史論』（雄山閣出版、1970年）があり、氏の該博な知見と徹底した資史料の読み込みがなされている。

5 「蒙古来」に「相模太郎膽如甕」とある（「日本楽府」『菅茶山 頼山陽 詩集』＜『新日本古典文学大系』第66巻、岩波書店、1996年、362―363頁）。渡辺昇一氏に『日本史の神髄』第2巻＜中世・武家編 源頼朝から応仁の乱まで＞―頼山陽の「日本楽府」を読む―』1992年、PHP研究所）がある。

6 野口周一「明治期以降歴史教科書における蒙古襲来小考」98－99頁（『共愛学園前橋国際大学論集』第2号、2002年）。この旧稿では『日本外史』に遡ったところで止めたが、その先は当然のことながら、『吾妻鏡』弘長元年（1261）4月25日の条である。

7 村井章介氏は関靖著『国難と北条時宗』（長谷川書房、1942年）を引用し、関氏の「熱に浮かされたような文章には無慚の感を禁じえない」と論評、さらに「ところが、こうして生み出された時宗像は、戦時下という特異な時代だけでなく、あんがい今も根強く残っているようだ」と指摘している（村井前掲書、4頁）。

8 豊泉氏のこの記述は唐澤前掲書47頁に拠っている（「道徳教育の歴史的考察（上）—修身科の成立から国定教科書時代へ—」『教育学部紀要』第49集、文教大学教育学部、2015年、36頁）。なお、氏のこの論考は、勝部真長・渋川久子『道徳教育の歴史—修身科から「道徳」へ—』（玉川大学出版部、1984年）、唐澤富太郎『唐澤富太郎著作集』第6巻＜教科書の歴史—教科書と日本人の形成（上）—＞ぎょうせい、1989年）、『唐澤富太郎著作集』第7巻、海後宗臣・仲新・寺崎昌男『教科書でみる近現代日本の教育』（東京書籍、1999年）に全面的に依拠したものであることが注よりわかる。

9 国定教科書としては第7期にあたる『くにのあゆみ』（昭和21年＜1946＞文部省）があるが、時宗の名前とその事績は著されていない。

10 なお第2期国定教科書改訂版（明治44年＜1911＞文部省刊）があるが、この箇所については特記事項がないので割愛する。

11 『社会科教育』1991年2月臨時増刊号№.347は、特集「小学校社会科　歴史人物42人指導法事典」を組んでいる。「北条時宗」の項は神山安弘氏が執筆。その記述中、「特に、御家人や朝廷、農民など国民一致協力して国難に立ち向かった姿をとらえさせることがここでの扱いの観点である」、「時宗は元の威力を恐れることなく、国論をひとつにまとめて、国全体が総力をあげて戦うように指導した」（140−141頁）という箇所が問題となる。つまり従来の「俗説」をそのまま踏襲しているのである。
　　なお藤岡信勝氏は、『日本人が目覚めた国難の日本史』（ビジネス社、2015年）において、第二講「日本人が初めて『国』を意識した元寇の戦い」を立てている。

12 渡部昇一氏は『かくて歴史は始まる—逆説の国・日本の文明が地球を包む—』（クレスト社、1992年）においては、その第一章で「〝虹〟としての日本—『水玉史観』では、歴史の本質を摑めない—」を立てている。

13 野口周一「道徳教育における人物学習：東郷平八郎編—道徳教育の原理と方法（2）—」（『総合歴史教育』第53号、総合歴史教育研究会、2019年）

14 モンゴル襲来研究史には、まだまだ紹介したい事例が多数存在する。

『伝記書の分析と指導』（1960 年刊）出版の意義をめぐって（上）

― 道徳教育の原理と方法（4）―

はじめに

　近年、筆者は「道徳教育の原理と方法」をテーマに、

① 「道徳教育の原理と方法：序論」（『湘北紀要』第 40 号、ソニー学園湘北短期大学、2019 年 3 月）
② 「道徳教育における人物学習：東郷平八郎編― 道徳教育の原理と方法（2）―」（『総合歴史教育』第 53 号、総合歴史教育研究会、2019 年 3 月）
③ 「道徳教育における人物学習：北条時宗編― 道徳教育の原理と方法（3）―」（『地域政策研究』第 22 巻第 3 号、高崎経済大学地域政策学科、2020 年 2 月）

と書き綴っている。

　① においては、2018 年より道徳の教材化が始まり、その道徳の教科書を分析すると、徳目主義を克服できないという問題点が透けて見えてくることから、小学校で「伝統と文化の尊重、国と郷土を愛する態度」をテーマに歴史事実の背景と本質に目を凝らす必要性があることを述べ、筆者の道徳教育研究の序論とした。

　② においては、安達弘氏の『人物学習でつくる歴史学習』（明治図書、2001 年）を取り上げることにより、氏の問題意識に危さがあることを指摘、東郷平八郎を具体的事例に検討した。その結果、教師が新しい歴史学研究の成果を十分に反映していないという実態にたどり着き、「人物教育の重要性」を訴える渡部治氏の主張に耳を傾け、「偉人」ではない「ありのまま」の姿を追究することの姿勢に共感したのであった。ただ筆者は、齋藤忠和氏の「小学校歴史教材を読む― 日清・日露戦争の記述と東郷平八郎をめぐって ―」（『総合歴史教育』第 51 号、総合歴史教育研究会、2017 年）に学び、氏の「教科書的な東郷平八郎の記述・評価が、人間形成に寄与することはない」という見解に賛同しているのである。この点についても再検討していきたい。

　③ においては、モンゴル襲来を取り上げ、それを撃退したという北条時宗について、渡部治説に拠りつつ、彼を「英雄」としてではなく、「凡人」として時代にどのように向き合ったかという検証の必要性を主張した。

　本稿では上記②③を受け、児童に伝記書がどのような影響を与えるか、伝記書の被伝者はどのような姿に描かれているのか、またそれは時代的にどのような相違があるのか、等々についての研究をまとめた、高崎市立中央小学校著『伝記書の指導と分析 ―子ども向け伝記書の研究―』（全国学校図書館協議会、1960 年）を取り上げ、その刊行の意義を考察して

いくことにする。

ジェンナー伝記教材から生まれた国民的常識 ― 中村圭吾著『教科書物語』から ―

　中村圭吾氏という方に『教科書物語 ―国家と教科書と民衆―』（ノーベル書房、1970年）
があり、その「序章」を前掲の『伝記書の分析と指導』所収の高崎市立中央小学校児童の
「科学者と私」と題する作文の引用から筆を起こしている。それはさておき、ここで論旨
との関係上、中村氏の研究成果の一端を語っておきたい。氏には前掲書の他に『教科書の
社会史』（岩波書店、1992年）もあるが、後者の著者名は中村紀久二となっている。

　さて、中村氏は『教科書物語』において、まず「長い序章　ジェンナー教材のわい曲と
誤解」をあげ、「1　日本人のジェンナー観」、「2　フィップスとエドワード」、「3　教科書
におけるわい曲の過程」、「4　事典の記述と編集者の誤解」、「5　子ども向き伝記書にみる
多様性」の全5節から構成する。

　さらに、その第2節において「フィップスはジェンナーの子どもではない」、「論文にな
いフィップスの名前」、「ジェンナー家の子ども達」、「むすこエドワードへの豚痘実験」、第
3節において「国定修身教科書のジェンナー教材」、「愛児フィップスの原拠」、「ほかの文献
では他人の子ども」、「第二の型・フィップスを順次削除」、「ジェンナー種痘像の疑問」、第
4節において「愛児フィップスとある事典」、「編集者の認識」、第5節において「フィップ
スは近所の子ども」、「豚痘実験をあつかった伝記」、「戦後ジェンナー教材」と、その論旨
を縷々展開したのであった。

　氏の論旨は、上記の小見出しを辿っていくことにより朧気ながら理解できると思われる
が、まずは氏の記述によりその梗概を紹介しておきたい。

　氏は述べる、「ジェンナーの牛痘接種の実験は『まず自分の子どもにした』―これはほと
んど総ての大人達の常識である。この常識は明治37年の最初の国定修身教科書に始まって、
昭和20年の『初等科修身』までに学んだ総ての人達がこのように教えられ、自分の子ども
を犠牲にして、人類を天然痘から救った“尊敬すべき”人物と信じこんでいる」と（4頁）。

　ここのところが修身の教材としての眼目である。しかも「ジェンナーは国定教科書のい
ずれの時代にも取材された唯一の人物であり、しかも第二次世界大戦の最中で修身教科書
からほかの外国人は総て排斥された時でも、ジェンナーの人となりについて国籍などはこ
まかく詮議するよりも、むしろ根本のねらいとするところに力点をもとめて指導すること
（初等科修身一、教師用）として生き残った」のである（4頁）。

　ところが、ジェンナーは多年にわたる研究ののち、「一七九六年五月十四日約八歳の少年
に牛痘実験を行い、七月一日にこの少年に人痘接種をしたが同じ結果を得た。この少年は、
牛痘が人体を天然痘の感染から守る事を実験的に実証した最初の被接種者として、ジェー
ムス・フィップス James Phipps の名で知られる。修身教科書は、この少年をジェンナーの

子どもだと教え、それは現在なお国民的常識として普及しているが、事実は彼の子どもではなくて他人の子どもに生体実験をしたのであった」という問題点が浮上してくるのである（6−7頁）。

そこで、ジェンナーの学術論文の記述をたどる必要性が生じてくる。彼の種痘に関する論文は、1798年6月に出版されている。その「要旨は、牛痘をもって種痘すれば天然痘に対する免疫が成立する事を実証したものであるが、その最も重要部分の実験例に限って被接種者の名前を明記しないばかりか、年齢についても『およそ八歳』と不明確な記述をしているのである」（9−10頁）。

さて、ジェンナーは二男一女をもち、長男エドワードは1789年1月24日、次男ロバートは97年3月頃に生まれている。したがって、「一七九六年五月十四日現在において、エドワード二世は七歳三ヵ月の年齢に達しており『約八歳の男児』に相当するが、エドワードとフィップスは別人と解するのが当然であろう」。なぜならば、「他の被験者の年齢は正確に記しながら自分の子どもの年齢だけを『およそ八歳』と記述する親があるだろうか」。しかも「次男については名前・年齢を明確にしているのである。フィップスなる男の子が、彼の実子でないことは明らかであると断定」できるであろう。しかし、フィップスの名前はジェンナーの最初の論文「その後の種痘に関する二論文」にも現れていない。ジェンナーは論文においてフィップスの名前を登場させなかったが、親友ガードナー宛の1796年7月19日付書簡で「五月十四日にサラ・ネルメスからジェームス・フィップスという男に、りっぱにうつすことができた」と報告しているのである（11−12頁）。この点をどのように理解すればよいのだろうか。

ここで、中村氏は国定修身教科書におけるジェンナーの記述に目を転じる。氏は「最初の牛痘実験は自分の子ども対して行ったという知識を与え、そう信じこませた大半の原因は国定修身教科書にある」と断定するものの、「五期にわたる修身のジェンナー教材を詳細に比較検討してみると、中には必ずしも記述に間違いがあるとはいえない微妙な表現をしていた時代があったことがわかる」とする。すなわち、第一期（明治37年4月から使用）では「自分の子どもに接種したと記述していない」、第二期（使用開始明治43年）では「まず自分の子どもにうえてみた上」となっているが、豚痘・人痘・牛痘かは明らかにしていない。第三期（使用開始大正7年）及び第四期（使用開始昭和9年）においては「まず自分の子に牛痘」を接種したと改訂されるのである。第五期（使用開始昭和16年）では牛痘と種痘の方法を分離して記述し、牛痘を自分の子どもに接種したとは書かず、種痘は自分の子どもに実験したとなっているのである（15−17頁）。

ついで、中村氏は「愛児フィップス」の原拠を探索し、スマイルスの *Self-Help*（1859年）と中村正直訳『西国立志編』（明治3年発行）に行き着く。氏は原文と訳文を対照、スマイルスは被接種者と接種年を明らかにしていないのに、中村正直は「己が子に牛痘」と記述していること、また当時の他の文献を検索して「自分の子とする記述文献は発見できず、むしろ他人の子とされる文献であった」とする（18−23頁）。

中村氏は、ジェンナー伝記教材にみる歪曲過程において、「フィップスをジェンナーの子だとする」型、「フィップスを黙殺し、エドワードに対する豚痘接種を牛痘接種に転嫁した」型に類型化できるとして、「日本においてはこの二つの『我が子接種』が融和され、国民的常識として誤解のまま現在も普及している」と結論づけた（29頁）。

　なお、フィップスについて、氏は「ジェンナーが論文にも名前を出すのをはばかった子ども、自分の正確な年齢を答えられなかった子ども ― フィップスはまともな家庭の子どもではなく、ジェンナーが実験用に買った子ども、或いは孤児か浮浪児の可能性もありうるといえよう」としている（43頁）。この部分の記述については、氏は『教科書の社会史』においては削除している。

『伝記書分析と指導書』について

　前節で中村氏が引用した、高崎市立中央小学校著『伝記書の分析と指導 ―子ども向け伝記書の研究―』の「あとがき」には、「昭和三十三年九月、全国学校図書館協議会から『読書指導における伝記書の取り扱い』」という研究主題を与えられた。全校あげてこの問題と取組んで二カ年。まがりなりにも、その成果をここにまとめることになった」とある。

　この高崎市立中央小学校は筆者の母校である。筆者は昭和32年4月の入学であるから、中央小学校が学校図書館の第一期研究指定校となったのは筆者が2年生のときのことであり、その研究成果が出版されたのは4年生のときである。筆者のクラス担任の先生方のお名前も巻末の「編集同人」に記されている。

　さて、本書の構成は次の通りである。

付録　　教科書にあらわれた人物

　上記の構成からもわかるように、本書は 263 頁からなる堂々たる研究成果報告書である。
　まず「まえがき」に相当する部分におかれている「研究の構想と本書の構成」から概観し
ていくことにしたい。「研究の目標」として「第一には、伝記書が人間形成の上に、どのよ
うな影響を与えるものであろうか」、「第二には、その伝記書をどのように子どもたちに読
ませたらよいか」という 2 点をあげている。また「伝記書が成立するためには、被伝者と
著者が必要である」ことを「伝記書成立の基本的条件」として、

　　(1)　　被伝者の業績、および被伝者をとりまく周囲の、家庭環境・社会的時代的背
　　　　　景などについて、正確な事実を述べること。
　　(2)　　著者の被伝者観にもとづく被伝者の人間像がはっきり描かれ、著者の努力に
　　　　　よって、文学的にされること。

の 2 点があげられ、「このような要素を備えたものを伝記書と考え、それにもとづいて研究
をすすめたのである」と明言している。
　「本書の構成」について。第一章では「子どもたちが伝記書を読んでどう感銘し、どう
受け止めているか明らかにしたい」。第二章では「被伝者は、いったいどのような姿に描か
れているのだろうか、またそれは時代的にどのような相違があるのだろうか」。第三章では
「教科書に扱われた人物を検討した」ことにより、「小学校教育という立場から教科との関
連をぜひおさえておきたいと思ったからである」と述べる。第四章では「数多く出されて
いる子ども向き伝記書の実態を明らかにして、指導への手がかりを求めようという」考え
を明らかにしている。第五章では「教科の学習の中でどう扱われたか」、第六章では「生活
指導の中でどのように指導すべきか」という「実践に立って問題を考察した」。巻末の表は、
「第三章において扱われた教科書の人物を、戦前、戦後を通して一覧したもの」、「それだ
けで時代と人間像の赤裸々な関連を物語る」という鋭い指摘がある。
　本稿では、紙幅の関係もあり、第一章と第三章に限って見ていくことにしたい。

(1)　　第一章の要点 ─ 子どもと伝記書
1.「子どもは伝記書を好む」:「三人乃至四人に一人の割合で、伝記書に接している」、「男
児が三年、四年、五年、六年と、学年が進むにつれて徐々に伝記書に接する率が上昇」、「女
児は、五年、六年になって急激に上昇」(昭和 35 年 6 月〜7 月)。また 6 年 3 組 (総員 54 名)
の 10 か月間の読書冊数について、「伝記書」約三〇%を占め」る、「ひとりが一ヵ月約一冊
の割で、伝記書を読んでいる」。

2. 「伝記書に対する子どもたちの声 ―伝記書の感銘―」: 上記の 6 年 3 組において「なぜ伝記書が好きか」というアンケートをとったところ、「伝記書はつまらない」という子どもが数名いた。その理由について、主な点は二点あり、

> 「人間には、みんな長所や短所がある。ところが伝記書に出てくる人は、才能だけを持ち、欠点なんかすこしもなかったように書かれている。だから、そこに書かれていることが、みんなうそのように思えて、読んでいてバカらしくなる」、「伝記書に出てくる人は、みんな家が貧しかったり、できそうもないことをやりとげたり、どうも自分たちの生活からかけはなれていて近よりがたい。その中に書かれている世の中は、今の世の中のようすとだいぶちがうようだ。それだけに読んでみても、あまり感銘がない」

とまとめられている。

　また「子どもの読書感想文から」という項目があり、奥野信太郎著『福沢諭吉』（金子書房）が例に出されている。これは一クラス分用意されていた書籍であったことを、筆者も朧気ながら記憶している。感想文を集約すると、「一ばん多くとりあげられているのは、福沢諭吉のひたむきな向学心、血のにじむような努力、固い意志と実行力等で、この点にはほとんど全部の児童が大なり小なり感銘している」、「これについで多くの児童があげているのは諭吉が封建道徳に対抗し、新思想を広めたことなど、考え方や思想についてである」、「その他『母や兄への愛情』『友人や塾生へのおもいやり』『生命の尊重』『暴力否定』『他人の立場をみとめる』『独立自主の精神』『無慾』『自己主張』等諭吉の人間性についてとりあげて、児童自身の立場や現代の世相等と比較している」となる。それらを踏まえて、「ここで考えておかねばならないことは、諭吉という人間を正しく理解するためには、鎖国から明治に至る時代の流れや社会の動きの理解という前提がなければならないことである」、「予備的な歴史的知識理解が、より正しい感銘を導くものであると思う」と重要な指摘がなされている。さらに「感銘というのは心の問題であり、りくつや知識ではないのであって、児童個々の環境なり立場によって、受けとりかたが違ってくる」、「内容をじゅうぶん読み、消化するため、ただ無批判に受けいれないような態度を指導することがたいせつだと思う」として、その具体例があげられていて興味深い。
　そして「のぞましい感銘を得させるためには」として、「集団読書の形において、被伝者の生活や考え方についてどう思うか、自由に気楽に話し合い、自分の考え方と比較したり、気づかなかったことを気づかせ、感銘を幅広く、より深いものにしていけばよいのではなかろうか。それによって、伝記書を読む能力は身についていくと思う」と述べ、「その場合、一定の徳目や教師の考える被伝者の人間像に、むりにおしこめないように、児童が自由にすなおに感じとるようにしていくことがたいせつだと思う」と、「徳目」についてもきちんと言及している。

加えて「わたしたちが被伝者から読みとろうとするえらさは、一人の人間が、その与えられた条件のもとに、彼のいだく夢、目的、使命といったものを一途に追求し実現していく姿、そこには当然さまざまな苦しみや悲しみやよろこびが秘められているわけである。さまざまな外的内的障害を克服して、今までにない新しい世界なり、独自の価値なりを追求していくひたむきな人間の生の営みの力強さ、美しさでなければならない」、「そしてそれが時にはなぐさめとなり、子どもたちの心を強くひきつけるのである。単に結果だけを重視するならば、偉人の伝記なるものは、一般人にとっては驚嘆のまと以外の何物でもなく、共感もなければ感銘もない」という立場から非常に綿密な指導していたのであるが、その詳細は割愛する。

（2）　第一章の要点 ― 伝記書による人間形成

1.「伝記の特性」：命題について「いうまでもなく、人間は本来社会的存在であり、人間と人間との関係的存在であるから、人格を育てるもののうち最も大きな影響を与えるのは、その人をとりまく他の人格である。しかも、一生の中最も感受性の強い青少年時代に接した人格が、人間形成の上に大きな影響を与えるであろうことは、多くの実例が証明するとおりである」と説き起こし、「やがて子どもの成長は、こうした身近かな人物によるだけではその要求が満たされなくなる」として「直接経験の範囲では、もはやその要求が満たしきれなくなったとき、それに代わる間接経験として、読書による他の人生の追体験が考えられる」と論を進め、伝記書の特性を説く。しかし、「実在した人物の伝記だけが価値あるものとは限らない」として、「文学の世界においては、実在と架空とを問わず、さまざまな人間の生き方が扱われており」、小説からも「事実以上の人生経験を読みとることができるのもある」と文学への目配りも怠ってはいない。

2.「偉人は伝記を読んだか」：「現在偉人と称せられ、伝記書の被伝者にあげられるような人を対象として」、「少年の日に読んだ伝記書が、その偉人をつくりあげたという例証を求め」たが、期待したようなものはほとんど得られなかった、という。ただ、リンカーンの場合は「読書だけが唯一の勉学の途」であったことにより、「『ワシントン伝』の影響がはたらいていなかったとは言い切れない」とするが、「多くの偉人に当ってみると、このような例はそう多くはない」とする。そして、「西欧の偉人たちの読んだ本として、よく出てくるものに、『聖書』と『プルターク英雄伝』がある」という例をあげ、「西欧人にとってそれらの書物がかれらの必読書であったから」、また「こうしたものに影響されたものだといったことを強調して、一そう話を興味づけようとする」ところに「伝記作家の作為が入っているのではないだろうか」、「反面このことは、伝記書を読むことが人間の一生を方向づけ、その生涯を決定するだろうという一つの錯覚に対して、はっきり答えを出したことは認めてよいと思う」と、「伝記作家の作為」「錯角」をあげていることは重要なところである。最後に「すぐれた人物の伝記を通して、自分の中に眠っていたところのものを呼びさ

まされることがあるし、ときには自分のなすべき仕事や、人生の指針を発見することすらあるのである。伝記書が、そうした人生への開眼の一つの契機をなすということは決して誇張ではあるまい」と記している。

3.「おとなと伝記書」：高崎市内の成人約200名に調査した結果であり、さしたる成果を得られたという印象はない。ただ「学業のあまりふるわなかった読者が、『エジソン伝』を読んで心をうたれるのは、彼が学校で教師の出した問題も解けないのに、発明の実験に成功するところであろうし、日常生活の雑務に追われて、ろくろく本も読めない家庭の主婦が感動するのは、研究と家庭を両立させた『キュリー夫人』の生き方であった」ことを書き留めていることは注意したい。

4.「伝記書指導のための条件」：伝記書が人間形成に及ぼす影響を、「(1) 伝記の特性 (2) 偉人に及ぼした影響 (3) 社会人の感銘、以上 3 点から考察した」結果、この項目は (1) 伝記の特性から考えて、(2) 著者の意図から考えて、(3) 偉人におよぼした影響から考えて、(4) 社会人の感銘から考えて、以上四つの基本的条件をあげている。このうち筆者は (2) に着目した。すなわち「伝記は事実にもとづいて書かれてはいるが、それは単なる史実の羅列ではなく、著者の主観によってとらえられた人間像として描きだされている。従って、被伝者が著者の崇拝する人物である場合には、その被伝者はある程度理想化され、偶像化されて描かれることもあるだろうし、著者が教訓的意図をもって被伝者を描こうとすれば、そのような意図が強く前面に出されてくるであろう」、「伝記の読書においては、こうした著者の意図を理解し、被伝者についてはあくまで冷静な人物批判の態度をもってのぞむことが要求される」という箇所である。ここには「徳目」を排する姿勢が厳然としてある。

(3) 第三章の要点 ― 教科書にとりあげられた人物
　この項目について、筆者はかつて「歴史におけるイメージの形成について」(『メディア研究　放送芸術学』第 17 号、日本放送芸術学会、2001 年)という論考で利用したことがある。時に NHK が大河ドラマとして『北条時宗』を放映した年であり、筆者はモンゴル襲来をテーマにその活用を図ったのであった。
　まず冒頭の「一　調査の目標と方法」において「わたしたちの心の中には、今もなお小学校時代、教科書や先生の話の中に登場した人物が生きている。それだけに、教科書をはじめ、学習活動に登場してくる人物は、伝記書に登場する人物同様、ゆるがせにすることはできない。それらの人物が、大なり小なり、子どもたちの人間形成に、ある役割を演ずるであろうことが想像に難くないからである」と述べられている。
　次いで、修身、国語、歴史、社会科等の教科書が取り上げられ、教育的に重要な年代にあたるものが分析の対象とされた。それは「本校で昭和三十四年度使用されている教科書

はもちろん、現在（昭和三十四年）発行されている教科書」、戦前期のものは「厖大な量にのぼるので、教育的に重要な年代に当る教科書」、戦後の検定教科書は「指導要領の変動など大きく動いた年度の」ものとして「終戦直後の動乱期のものは一応除外して、昭和二十五年度と大きく変化のあった昭和三十一年度のもの」、「昭和三十六年度の指導要領の改訂にともなう新教科書について、国語と社会のみ」という4点の指標を掲げている。

　次に「二　各教科書に登場する人物」において、修身、国語、歴史、社会科、音楽、理科の教科書が取り上げられているが、ここでは修身と歴史に限定したい。

1. 「修身の教科書について」：「明治中期までの文部省検定時代、明治四十二年以後の国定時代、最後に昭和十六、十七年の国民学校時代」に分けて、特長をあげている。まず概要として「忠孝・勤勉・信義等々徳目の具現者として登場人物が、非常に理想化された人物となっている」、「しかも人物の生い立ち、性格、業績等は、児童にお手本として見習わせるように、教訓的な記述になっている。また、時代時代の国策に沿う政治的偏向が強くあらわれている」とする。「人物の大部分は男性である。女性はきわめて少なく、しかも消極的美徳のもちぬしとして扱われている。また、人物の取りあげ方として時代の進むにつれて『偉人』個人の紹介から、偉人を育てた、両親、兄弟、朋友、教師等、環境を重視して取り上げられている点」に着目している。

　次に教科書の時代別特長の分析に進む。

①明治25年文部省検定（井上頼圀編）の人物は、「豊臣秀吉、楠木正成、最明寺時頼など、すべて徳川時代以前」、「大部分が武士的要素が強く、芸術や産業面での人物はほとんど扱われていない」、庶民の場合は「身分をはっきりさせている上に、自分を殺してまでも主人につくすことを強調」、「外国人は一人も扱われておらず、単元名も『忠』『信義』等、極端な徳目主義をとっている」とまとめている。

②明治42年国定教科書は「二宮金次郎・上杉鷹山・加藤清正等、特に二宮金次郎が重点的に扱われている」、明治時代の人物が扱われだし「中でも『キグチコヘイ』が印象的にとりあげられている」、「外国人も、この頃からわずかではあるが扱われはじめて」ジェンナーも登場する。

③昭和2年度国定教科書は「上杉鷹山・二宮金次郎・渡辺登・豊臣秀吉・楠木正成など徳川時代以前の人物がやはり多いが、広瀬武夫・勝安芳・天皇陛下・井上でん等、かなり明治以後の人も扱われている」、「井上でん・ナイチンゲールなど、女性として社会事業や産業上の業績によって扱われているのが目新しい傾向」であるとする。

④昭和11年国定教科書は「吉田松陰・渡辺登・神武天皇・豊臣秀吉・徳川家康・天照大神・二宮金次郎・楠木正成などが何回も出てくる。とくに、吉田松陰は生い立ちその他がくわしくのせられている」「また野口英世・乃木希典・渋沢栄一・井上でん・瓜生岩のような、新しい時代の学者・軍人・事業家が現れてきており」と分析している。

⑤昭和 16・17 年国民学校（国定）教科書は「天照大神・明治天皇・神武天皇・楠木正成の掲載回数が多く、天皇陛下・皇太子・秩父宮・義宮等、現存する皇室関係の人物も多くみられる」、「天照大神・神武天皇を始めとしてヤソタケル・長スネヒコ・たけみかづちの神・ふつぬしの神・ににぎのみことなど建国神話の神々もたくさんでている」。「乃木大将・橘中佐・大山巌・佐久間艇長・横山省三等明治以後の軍人がずっと多くなって来ているが、加藤健夫・岩佐中佐などのように、当時のマスコミにさわがれ、児童の耳に新らたな人物が機を失せずに、すぐのせられているのが目新しい傾向であろう」とする。また外国人の名が消されているところに時代色を強く反映しているが、わずかにジェンナー・シャム王ソンタムが出ている。

2.「国語の教科書において」：

①明治 36 年版については「三十七、八年戦役の前年であるため諸外国との関係が非常に微妙であり、全体を通じ国威の高揚と忠君愛国の強調がめざましい」、その特徴として「歴史上の人物は外征を主としたものが特に目立っている」として、「神功皇后（天皇の歿後、男装して犠牲の舟戦をおこしている）豊臣秀吉（再度の朝鮮征伐により勇名をかの地にとどろかせている）北白川宮能久親王（皇族の御身を以て病躯をおして台湾を征伐している）」を挙げ、「こういった武勇ある人物を借りて、戦時における日本男子としての心構えをこまごまと教えていたりしている」。「京都、鎌倉などの紹介を通じて、桓武天皇・源頼朝」などにふれ、建設的な新分野を開いた功績をたたえている」とする。

②明治 42 年版では「全体的に取材人物が多くなってきており」として、源義家・源義経・楠公父子・豊臣秀吉・広瀬中佐・橘中佐などの人物から「戦勝の自信とともに歴史上の武人も多く、しかも武将としての奥ゆかしさをも強調している」、また「神国日本の顕彰をめざして神代時代の人物の扱いが目立っている」として天照大神・大国主命等をあげている。また塙保己一・百済川成などの登場によって教科書に一層のうるおいをみせている」、「取材人物は日本人だけであるが、女性を代表して松下禅尼・山内一豊の妻の登場は特筆すべき」としている。さらに三十六年より引き続き扱われている人物は、「『我が国民性に合った源義経』『武家政治を始めた源頼朝』『貧より立身出世した豊臣秀吉』という描かれ方であげられている」ところに着目している。まとめとして「遠い神代の神話に出て来る人物や、忠君愛国のかがみともいうべき人物、教訓的なものとして倹約・努力した人物・また歴史的人物で勇将、智将といった人物が多い」、外国人は一人も取り扱われていない、と指摘している。

③大正 7 年から「後に多く出た人物として、弟橘姫・賀茂真淵・韓信・孔子・呉鳳・諸葛孔明・素戔嗚尊・ステッセル・清少納言・張良・乃木大将・松下禅尼・間宮林蔵・本居宣長など」、武人として引続き「源頼朝・豊臣秀吉・源義経・楠公父子・加藤清正・広瀬中佐・橘中佐など」をあげ「内容においては大体変化はみられない」とする。新しく登場した武人として「柴田勝家・鎌倉権五郎景正・乃木大将・鳥居勝商など」をあげ、「幼少時のス馬

田勝家・若年の矢頭右衛門七・鎌倉権五郎などの若人の活躍」を取り上げ「この時代の特徴」としている。また「女性の多くなっていることが目立つ」として「松下禅尼の質素、瓜生保の母が国の為にわが子をつぎつぎとささげるけなげな心情、弟橘姫の身を捨てての貞節・忠節、紫式部・清少納言の機智」をあげる。「医学の先駆者、前野良沢・杉田玄白、国文学者本居宣長」の登場も「この時代である」とする。さらに「中国の理解と親善に資するため」に諸葛孔明・孔子・張良と韓信、呉鳳などが「急に数多く取りあげられ」、「特に身を捨てて台湾の蛮人を教え導く事実など、日本領となった台湾への関心を深くするもの」とする。

④大正12年、まず「時代の安定とともに取材の内容が非常にはば広くなってきた。武人としての取りあげ方も、武勇一辺倒から人格の向上、ならびに必勝の信念の高揚に資する」ものへの変化と分析する。次に「広瀬中佐・橘中佐・鎌倉権五郎景正・鳥居勝商などが姿を消し、武将としての源義家・智略の将楠木正成・川中島の戦における安間彦六と長谷川与吾左衛門の組打ちなど、小兵が大兵を打負かす信念の強さを示す」と分析する。「日本女性では万寿姫・弟橘姫の他は姿を消し、英・米・独・伊などの外国の人物が急激に数多く登場」、すなわちウエリントン（米）・エジソン（米）・コロンブス（伊）・ダーウィン（英）・ベートーベン（独）・リンカーン（米）・レマン（ベルギー）などに「注意すべき」とする。また「日本の昔ばなしや西洋文学作品『リヤ王物語』などが入って、教科書にうるおいをもたせたのがこの頃」、産業開発の功績のあった「佐藤信孝・佐藤信淵の農学の大成、学者として菅原道真・塙保己一などが新しくあげられている」、「間宮林蔵が始めて登場」した理由として樺太領有との関連を「特筆すべきもの」と「樺太への関心を深める教材」、「台湾における呉鳳をとりあげた考え方と共通しているものと」分析する。

⑤昭和9年、「大正12年時代に姿を消した、日本女性や軍国的武将たちが復活して再登場する姿が目立つ」とする。前者では山内一豊の妻・松下禅尼・清少納言・紫式部が挙げられ、「新しく静寛院宮和子内親王が取扱われ、国のため、家のためには身をもかえりみない日本女性の誇りを教えている」と説明する。また「大正12年には一たん姿を消した、広瀬中佐・橘中佐・鳥居勝商などが再登場し、東郷元帥・大塔宮・山中鹿之助・大石義雄などが新たに取扱われており、早くも軍国的な色調が芽ばえてきている」と指摘する。さらに、当然のことながら「外国人が非常に減少」、「古事記・万葉集等の古典も取り入れられた」、「航空機研究に努力した」人物を筆者は寡聞にして承知していないが、彼らが登場する。

⑥昭和16年、「太平洋戦争への突入とともに内容も必然的に、神国日本をたたえ日本民族の民族意識高揚、戦争必勝の信念の育成に努めるよう戦争物や武勇伝等が多く扱われているが、今までのものの中から内容を時代に適応させるように改変したものが主で、目新しいところでは、肉弾三勇士くらいのものである」と手厳しい。外国人は「米人はもちろん、ほとんどが、姿を消し」ベートーベン（独）・ガリレオ（伊）を挙げ「枢軸国独伊を高く評価している」と記す。

⑦戦後版はここでは省略する。

3.「歴史の教科書において」：

①大正9年、「題目から人物中心に取りあげられているのが特徴で、その人物中心に出来事が記述されている」として 24 名が挙げられ、「皇室中心主義」であり、源頼朝は「影がうすい」とあり、足利尊氏のように「武家政治に力のあった人物なども目立たない」、「戦後一度も名をみない大石義雄が重視されているのも特徴のひとつ」と観察が鋭い。

②昭和17年、国民学校時代であり「以前にくらべて人数の上からは二倍以上」であり、「その時代に活躍した人物を、戦争を中心に政治や学問あるいは外国との関係の面まで発展させて取り扱っている」、「戦争中の教科書では、皇室中心、国威発揚を中心に世の中の動きがとりあげられ、忠君愛国的人物や戦争に手柄のあった人物が多く」と指摘している。

4.「社会科の教科書において」：ここでは「まず注意しなければならないことは、指導要領にもとづく各年度の単元配当である」との指摘があり、昭和25年度の単元には「歴史を扱った単元がないために、歴史上の人物が殆んど扱われていない」とする。それ以降、31・34・36年度には歴史を扱った単元が見られるのである。ただ、本項目についても前節までのように人物名を挙げていくと煩雑になるので、巻末に纏められている 7 項目を活用していく（但し既述の点は省略する）。

①昭和 34 年度になって、「五、六学年に多く人物が扱われ、武将などのとり扱いも目立ってきた」。

②昭和 36 年度、「四、五学年で扱う人物は激減し、その反対に、六学年で扱う人物が多くなってきている」。

③「年度によってとりあげられた人物とその扱い方にかなりの変化が見られる。これは、その当時の社会的、政治的な動きと深いつながりがあるように思われる」とあり、至当な見解であるが、筆者は一歩分析を進めて何故なのかという域までには進めることができていない。

④最後に本書刊行の意義に関わる纏めとして、「社会科にはこのような多くの人物がとりあげられているが、子どもたちはそこにあげられた人物に興味を持ちはじめるであろう。

そして、子どもたちは、その時代の社会的、宗教的、思想的背景のなかに活躍した人を通して、現代社会を理解し、批判する態度が養われてくるのではないだろうか」と述べられている。穏当な見解であるが、現代社会をきちんと「理解」し「批判」するという語句が書き留められていることに注意したい。

おわりに

　本稿執筆の意図は、拙稿「道徳教育の原理と方法：序論」所収の「抄録」において、「2018年4月より道徳の教科化が始まった。その道徳の教科書を分析すると、問題点が透けて見えてくる。つまり徳目主義を克服できないということである」と述べたところにある。「今さら徳目か」とお考えの方もいらっしゃるであろう。しかし現実は全く違うのである。

　そこで筆者はかつて出会った母校の先生方の『伝記書の分析と指導』（1960年）を紐解くことにした。本書には「なぜ、伝記書はつまらないのか」という子どもたちの声にも耳を傾け、その読書指導において『福沢諭吉』（金子書房）を例に「諭吉という人間を正しく理解するためには、鎖国から明治に至る時代の流れや社会の動きの理解という前提がなければならない」と述べ、歴史教育の重要性が指摘されている。さらに一歩進んで「伝記書を読む能力」の養成という視点で、「一定の徳目や教師の考える被伝者の人間像に、むりにおしこめないように、児童が自由にすなおに感じとるようにしていくことがたいせつ」と述べられているのである。

　さて、本稿における『伝記書の分析と指導』の紹介もまだ三分の一程度にとどまり、「教科書にとりあげられた人物」の章においても、中央小学校の先生方の分析は紹介できたものの、「なぜ、そうなるのか」というところで筆者の見解を示すことができていないという欠陥を有する。今後の課題である。また、齋藤忠和氏の「人間形成に如何に寄与できるのか」という命題に対して、東郷平八郎を例に「教科書的な東郷平八郎の記述・評価が、人間形成に寄与することはない」という氏の見解に筆者も賛意を示している。つまり中央小学校の先生方の見解に筆者はどう答えるのか、という課題がある。

　本書の第二章「伝記書に描かれた人間像」を一読すると、「二　伝記書と時代的背景」の項目に、二宮尊徳を例に寺島文夫著『二宮尊徳』（岩崎書店、1959年）と中井信彦著『二宮尊徳』（金子書房、1956年）が比較・検討されており、「前著においては、その特色ある時代を描いて、その中にある尊徳を浮びあがらせようとしているのに対して」、中井著は「時代のへだたりをとびこして、いま目の前にある尊徳のように描いている」と指摘、「このような描き方は、読者に対して親近感を多く持たせることはできるが、二宮尊徳の特質を理解させるには困難であると思う」と鋭く批判している。筆者は学部、大学院で中井氏に学び、その学殖に敬意を表していたので、この機会に寺島氏と中井氏の『二宮尊徳』を読み再考してみたいと企図している。また中央小学校の先生方は、さらに武者小路実篤著『二宮尊徳』（大日本雄弁会講談社、1930年）と寺島著を比較検討している。戦前のものと戦後のものとの比較という視点である。因みに筆者は下村湖人研究において、湖人の和田伝著『二宮尊徳』（朝倉書店、1954年）評を紹介したことがあり（「下村湖人 ―校歌作詞は余技に非ず―」『人物研究』第33号、近代人物研究会、2014年）、これも参考になると考える。

　最後に余談を一つ。『伝記書の分析と指導』は、今から約60年前、すでに「徳目」の実態を理解し、それを排する姿勢があったことがわかる。さて、本書には当時の真下条次校

長の手になる「自序」があり、「伝記書の研究については、いまだ未開拓の分野がきわめて多く、私どもの多忙な日々の教育実践の中で、全校あげてこの研究にとりくみ、よりよい教育効果をあげるため、出来る限りの精進を続けた結果、一応、今日の研究段階にまで到達することが出来ました」と述べ、本校が指導を受けた全国学校図書館協議会の幹部および群馬大学教授への謝辞は当然あるものの、「(研究) 指定を受けた当時より在職しておられて、現在すでに他校に勤務しておられる幾人もの先生方が、研究の基礎づくりや、また直接伝記書の研究に残していかれた業績を忘れることはできません」という思いがあることに筆者の目は向く。巻末の「研究同人」一覧にも、真下校長の名前は五十音順に記されている諸先生のなかの一人として記されているだけである。一方、本稿に記した拙稿「歴史イメージの形成」ができたとき、筆者はそれを当時の中央小学校校長宛に送った。その経緯をエッセイに書き留めているので、再録しておきたい。──「母校に敬意を表して、校長先生宛に送ったものの、受け取りの返事もなかった。日本の郵便事情から届かなかったことはありえない。私は、この論文を含めた一書を刊行するときには、その校長のお名前を明らかにしておきたい─そんな大人げないことを考えている」(『としょかんニュース』2014年3月号、湘北短期大学図書館)。

　しかし、筆者は今、明らかにすることを考えてはいない、どうでもいいことだ。当時と今の教員集団の性格は異なるのだろうか。換言すれば校長の存在自体がどのように変化しているのだろうか。これはこれで一つの問題である。

　そういえば、硬骨の俳人・斎藤慎爾氏は「『次郎物語』を誰か書き継ぐ人はいないか。しかし軍部と右翼に屈しなかったのが自由主義者湖人だ。『日の丸』『君が代』に拝跪するばかりの昨今の教育者には望むべくもない」と述べる (『大衆小説・文庫<解説>名作選』メタローグ、2004年。

　以上のような諸問題を課題としつつ擱筆する。

元寇！キミならどうする？

─ 歴史教科書における「元寇」叙述をめぐって ─

はじめに

　抑々、本稿は「グローバル時代の歴史教科書における国際交流 ─日本における『元寇』叙述をめぐって─」と題して、上海市の華東師範大学歴史学系において開催された「グローバル化時代の歴史教科書：国際比較研究」での発表要旨である（2010 年 9 月 25 日）。

　その冒頭に、「グローバリゼーションという言葉が喧伝されて久しい。しかし、筆者はこの言葉が真に意味するところを理解しているかと問われたときに、その回答に躊躇せざるをえないものを感じている。かつて国際化という言葉が謳われたとき、その手段に関する議論は盛んであったが、目的を理解することはなかなか難しかった」という経験を記した[1]。

　さて、私のこのたびの報告は、蒙古襲来という東アジアを舞台とする歴史事象であり、かつ日本においては「日本史」及び「世界史」の双方の科目で取り上げる問題でもある。ここで私が問題と考える点に、識者といわれる人々の理解の実態がある。例えば、渡部昇一氏は『日本史から見た日本人・鎌倉編 ─「日本型」行動原理の確立─』（祥伝社、1989 年）所収の「初の国難・元寇─勝者の悲劇」において、自らの子どものころの体験として「何だか知らないが一番怖いものはモッコなんだよ」という体験を語っている（35 頁）。自らの体験を率直に述べることは、それはそれでよいのだが、そのすぐ後に「東アジア唯一の『独立国』日本」という項目があり、「クビライ・カンこと元の世祖が日本を属国にしようと思ったときに、はじめは簡単なことと思っていたらしい。朝鮮半島は、ほとんど何の抵抗もなく元の威風に屈したのであるから、その先の島のことなどは、ちょっと脅せば従うはずだ、と考えたのも無理はない」と述べている（36－37 頁）。いやはやお粗末な記述である。

　それでは、私は標記のテーマについて、下記の研究論文、研究ノートにもとづきつつ論じていくことにしたい。すなわち、

- (a)「東アジア世界のなかの蒙古襲来」（『総合歴史教育』第 37 号、総合歴史教育研究会、2001 年）
- (b)「明治期以降歴史教科書における蒙古襲来小考」（『共愛学園前橋国際大学論集』第 2 号、2002 年）
- (c)「蒙古襲来に関わる挿絵について」（『新島学園女子短期大学紀要』第 22 号、2002 年）
- (d)「歴史教科書における蒙古襲来に関わる挿絵一覧─筑波大学所蔵教科書を中心に─」（『新島学園女子大学紀要』第 23 号、2003 年）

の4編であるが、基調となるのは(a)及び(b)論文である。

また、上記の諸論考で触れ得なかったことを、

(e)「フーリア及びサックラー美術館訪問記 ―『蒙古襲来絵詞』参観を中心に―」(『新島学園女子短期大学紀要』第 19 号、2000 年)

(f)「異文化社会間における人間関係論の確立に向けての提言 ―歴史教育の重要性を中心にして―」(平成 14 年度私立大学教育研究高度化推進特別補助『異文化社会間における人間関係論の確立』所収、新島学園女子短期大学、2003 年)

この2編において言及しているので、適宜参照していきたい。

蒙古襲来とその問題点

(1) 蒙古襲来とは?

まず「蒙古襲来」について、簡便な説明を付しておきたい。前掲(a)論文においては、永原慶二監修『岩波　日本史辞典』(岩波書店、1999 年)の「文永・弘安の役」(1020 頁)を引用した。何故ならば、発行年度がその当時において比較的新しかったこと、すなわち最新の研究成果が摂取されていること、また文章の長さが引用に適切であることによった。

本報告では、海津一朗氏の「文永の役・弘安の役」(『日本歴史大事典』第 3 巻所収、小学館、2001 年、609−610 頁)を利用したい。その冒頭は「元の忽必烈汗(フビライ・ハン)による日本征討のうち、北九州湾岸地域が侵攻された一二七四年(文永十一)、八一年(弘安四)などの軍事衝突を言う。当時は『異国(異賊)合戦』『蒙古(人)襲来』などと呼ばれており、『文永・弘安の役』『元寇』は幕末・近代以後、国防意識の高まる中で、元の侵略性を強調するために定着した用語」と始まり、全文 1700 字余りを費やした概説である。

さて、蒙古襲来の問題点を前稿では、以下の①から⑦にまとめた。本稿ではそれらの問題点の抽出にあたり、海津氏の上記の概説を利用したい。

①「蒙古の国書」そのものについての言及はないが、「六度の使いで日本に服属を要求したが、鎌倉幕府によって無視されたため侵攻を決意」とする、②「蒙古軍の戦術」については「毒矢、『てつはう』(炸裂弾)などの見慣れぬ武器と統率のとれた集団戦法を駆使する元軍の前に、日本軍は苦戦し大宰府近くまで退却させられた」、③「文永の役の顛末」については「同夜、海上の船に引き揚げた元軍は、夜半の暴風により多くの被害を出して高麗に撤退した」、④「文永の役後の幕府の対応策」については「一二七六年(建治二)春、幕府は海防の強化を目的とした高麗出兵(異国征伐)を計画し、九州武士を動員し、その一環として湾岸に石築地を構築して前線基地とした。この過程で異国警固番役の制度が整備され、一年の三か月ずつを九州各国が分配して、博多周辺を警備するようになった」、⑤「弘安の役の顛末」について、東路軍の主力は六月六日に

博多湾に到着し、「ここで、幕府軍と海陸において交戦したが、頑強な抵抗にあい、上陸を断念して壱岐に退いた」、江南軍は「平戸付近で東路軍と合流して二六日伊万里湾の鷹島を占領した。しかし三〇日夜半から閏七月一日（ユリウス暦八月一六日）にかけての台風接近により、海上の元軍は壊滅的打撃を被り、高麗に撤退した」と記す。⑥「第3次日本遠征」については「忽必烈による日本征討の計略は継続し、サハリンのアイヌや琉球（一説には台湾）への元軍侵攻が行われた。幕府も異国征伐の機関として博多に鎮西探題を設置するなど軍事緊張は続いたが、アジア諸国の抵抗とモンゴル人の内部抗争によって、結局日本への征討は実現しなかった」としている。最後の⑦「蒙古襲来の影響」については、「律宗を中心とする寺社勢力は『台風は神々が化身して現れたもの』と宣伝して、日本を神国とする観念が広まった」、「幕府は、この戦争を背景として寺社勢力や本所一円住人らにも支配権を強めて、そのなかから将軍権力の下に全領主階級を結束させる政治路線（安達泰盛の弘安徳政）が生れた」とまとめる。

　この7項目について、従来からの諸説を踏まえつつまとめていくと、次のようになる。「蒙古の国書」について、その書面は従来から言われているように無礼あるいは傲慢なものなのだろうか。概して、東洋史学者は穏やかなものと理解し、日本史学者は威嚇的と理解している。「蒙古軍の戦術」については、その火器や集団戦法に日本軍が戸惑ったことは人口に膾炙している。「文永の役の顛末」について、従来から大風雨によって蒙古軍は退却したと考えられている。

　その後、「文永の役後の対応策」については、異国征伐を始めとして石築地の構築や異国警固番役の課役が知られている。「弘安の役の顛末」については、このときもまた大風雨が起こって、大部分の蒙古軍は海の藻屑となり、残余のものは日本軍によって掃討されたとする。

　「第3次日本遠征」は計画されたものの、実施されなかった。その理由として、「アジアの連帯」あるいは「アジアの連動」という言葉で主張されたりもしている。

（2）問題点
　ここでは、前節にて簡略に記した問題点について、私の(a)論文においてまとめた研究史を若干述べ、最後に最新の概説書、小林一岳著『元寇と南北朝の動乱』＜『日本中世の歴史』第4巻＞（吉川弘文館、2009年）も参照しつつ所見を述べていきたい。

＜1＞　蒙古の国書
　まず、二時代も三時代も前にベストセラーになり、数十万の読者を獲得したといわれる中央公論社の『日本の歴史』全26巻、その第8巻は黒田俊雄執筆の『蒙古襲来』（1965年）である。その関連部分を紐解いてみたい。
　黒田は「さて、モンゴルの国書（世祖の詔）には何が書かれていたか。幸いにその写しが東大寺に残っていて、それにはつぎのように書き出されている。『上天眷命大蒙古

国皇帝、奉書日本国王。朕惟自古…』いうまでもなく日本を見下した尊大な書き出しである。」（59頁）と始め、その後に全文の読み下しをあげている。そして、それとにもとづいて考察を加え、「実質はあくまで一種の服属であり、どんなにゆるく考えても"目下の友好国"たることを要求していたのは間違いない事実である。」（61頁）と述べている。

　それでは東洋史学者たちの理解はどうであろうか。『旧唐書倭国日本伝　宋史日本伝・元史日本伝』（和田清と共編訳、岩波文庫、1956年）を持つ石原道博は、「一読して気のつくことは、これまでの漢族国家における帝王の招諭文とまったく軌を一にしており、」（21頁）と分析しているが、石原よりも早くに、愛宕松男が『忽必烈汗』（冨山房、1941年）にて「蒙古人大汗の外国君主に対するものとしては珍しく鄭重な言辞を以て綴られている。『降伏か然らずんば戦か、結果は神のみのよく知る所なり』と云った風な露骨な脅迫や挑戦の意を真向から振りかざしていない」（149頁）と述べている。

　さて、ここでは杉山正明氏の『大モンゴルの世界』（角川書店1992年）、『モンゴル帝国の興亡』下巻（講談社、1996年）の二著に依拠していくことにする。氏は「これまではふつう、その書状が無礼きわまる文面のうえ、日本をおどす内容であったから、日本側の対応はやむをえなかったといわれている。しかし、それはどうも誤解である。その文面は、『元史』日本伝や、『経世大典』序録、征伐、日本の条に記録され、東大寺にもその国書の写しがつたえられているが、じつはたいへんにおだやかであり、修好をもとめているにすぎない」、「傲岸不遜とされる冒頭の『上天眷命』の語は、モンゴルが書きだしに使う定型句の漢訳表現であり、しかも日本国王に『書を奉る』というのだから驚くべき低姿勢である。」（『大モンゴルの世界』、247頁）。また、末尾にある締めくくりの語「不宣」について、「『元文類』巻四一には、その五年前につくられた一大政書『経世大典』の各篇の序文が再録されているが、その日本の条において、日本へ送られたすべての国書に共通の末尾の『不宣白』すなわち『宣白せず』の語は、『これを臣とせざるなり』、つまり臣下と見てはいないことを表す結語の表現」という見解が示されている（『モンゴル帝国の興亡』下、120−121頁）。

　杉山氏の功績は、書き出しの「奉」の字や末尾の「不宣」について啓蒙書で解説した点にある。しかし、この二点について川添昭二氏は名著『蒙古襲来研究史論』（雄山閣出版、1977年）において、杉山氏に先立って指摘されたのである（23−24頁）[2]。

　最後に愛宕、石原両先学の研究を尊重しつつも、私は「奉」も「不宣」も形式的に使われているに過ぎないと解釈する。小林氏は「不宣」の文言を紹介しつつ、「特に最後の『兵を用いることは…』という一種の脅し文句は、モンゴルの脅威を直接日本側に示すことになる」とバランスよく述べている（21頁）。すなわち、多くの研究者が指摘するように国書に日本を恫喝する意はあったと考えておくことにする[3]。

＜2＞アジアとの連動

　アジアのなかでモンゴル襲来を位置づけることについて、まず文永の役、弘安の役などの原因をめぐる理解について考えることから始めたい。

　（ⅰ）文永の役の原因

　愛宕松男は『アジアの征服王朝』（河出書房新社、1969年）において「元朝が国信使黒的を日本に派遣したのは至元三年にはじまっているから、それは元朝の南宋討伐策がすでに決定されて以後のことになる」と述べ、「南宋にたいする用兵に関連して、この元寇を考える余地がそこにある」と示唆した（312−316頁）。

　この南宋攻略に関わる論考として、稲葉岩吉に『日麗関係』（叢書『岩波講座　日本歴史』、1934年）があり、さらに重要なものとして松井等の「黒山島と元寇」（『中央史壇』第2巻第4号、1921年）に着目すべきである。

　さて、杉山氏は前掲『大モンゴルの世界』にて「あきらかに南宋作戦の一環にちがいない。それは時期が証明する。至元十年に（1273）に襄陽・樊城が陥落すると、クビライ政権は一年をかけて南宋への全面進攻を計画する。その同じ年のすえ、ヒンドゥを総司令官とする高麗駐留のモンゴル軍団もまた、高麗周辺に展開する諸隊を動員して波濤をこえて耽羅を攻撃した。敵対する三別抄の撃滅によって朝鮮半島のまわりのひろがる海面全域はモンゴルの手に入った」（249頁）とする。

　ここで三別抄について説明する。三別抄とは高麗の江華島守備軍のことであり、1270年のモンゴル軍の高麗再侵駐に対して蜂起したのであった。その後、かれらは耽羅すなわち済州島を占領し、海上交易圏をおさえて、高麗・モンゴル連合軍に相対していたのであった。その三別抄が鎮圧されたのである。

　氏は上記に続けて「日本と南宋どちらへの通路にもあたる耽羅は、中央部の高原状の草原のひろがり、絶好の放牧地を提供する。またとない海上の軍事基地であった。そのうえ、きわめて注目すべきことは、このときモンゴル進駐軍は朝鮮半島の西南海上に点々とつらなる黒山諸島にさかんに調査船をだしていることである。もちろん、日本遠征の探査の意味もあった。しかし、黒山諸島を経由して南下すれば、ただちに南宋の心臓部の長江下流域に到達することができる。あきらかに、至元十一年を期していっせいにおこなわれる南宋全面進攻作戦への布石であった」（249頁）とまとめる。ここに松井説は70年余りの時空を超えて蘇るのである。

　ここでも小林氏は「クビライにとって最大の攻撃目標は南宋であり、高麗・日本への対応は、南宋を孤立化させるための側面作戦にすぎなかった」（26頁）と要領よく述べる。

　（ⅱ）弘安の役の原因

　ついで杉山氏は「二回目の遠征軍で誰しもおどろくのは、江南から発した十万という大兵団である。高麗から発した東路軍四万は、第一回目の兵員に水手を加算すれば、じつはそう変わらない数であり、兵員構成もほとんど変化がない。この点に鍵がある」（『大

モンゴルの世界』250 頁）と問題点を挙げる。その江南軍については「江南軍十万は、元南宋の職業軍人であった。ほとんど戦うことなく南宋を接収したクビライ政権にとって、江南において大きな政治課題となったのは、無傷のまま降伏してきた数十万におよぶ厖大な旧南宋軍人のあつかいであった。かれらは登録された正規の軍人であったが、老兵や実戦の役にたたない弱兵も多かった。かといって、職業軍人であるからには、南宋政権からの手当てでかれらは生計をたてていた。そうした大量の人間を失職したままの状態で放置しておけば、いずれは大きな社会不安の原因となりかねなかった」（250－251 頁）と説明する。

　この旧南宋軍の裁兵問題については、早くは重松俊章が「支那側より観たる元寇の役」（『史淵』第 32 号、1944 年）においてその可能性を指摘し、愛宕松男も『アジアの征服王朝』（1969 年）にて述べている。この解釈は、当時において学会の理解であったと考えられる。

　また、その江南軍の具体的な用途については、杉山氏は「クビライ政権は、これらの旧南宋兵のうち、実戦に役だつ精強なものを選抜して、中央政府の直属軍団に編入したり、モンゴリア・中央アジア戦線に投入したり、あるいは広東・広西の鎮定部隊に転用したりした。しかし、そのほかのものの処理にこまり、志願者をつのって、それらをおもに海外派兵にふりむけた。江南軍十万は、じつはそうした兵たちであった。しかも、監視役のモンゴル・漢人兵をのぞくと、ほとんど武装していなかったようである。かれらがたずさえていたのは武器ではなく、日本入植のための農器具であったらしい。江南軍は十万という人目をおどろかす数とはうらはらに、移民船団といってもいい内容であった」（251 頁）と述べ、かれらの多くが日本へは農器具を持参していたことから「移民船団」という性格を打ち出している。小林氏はこの意見を踏襲する（38 頁）。

（ⅲ）第 3 次蒙古襲来

　クビライは、その後も日本遠征を幾度か企てたものの、ついに実現しなかった。片倉穣氏はチャンパとの関連を指摘[4]したが、杉山氏は「その原因は、至元二十四年（1287）におこったオッチギン王家の当主ナヤンを中心とする東方三王家の大反乱であった。クビライは挙兵以来のうしろだての反逆に最大の危機をむかえ、日本遠征どころではなくなってしまった。高麗方面軍も含め、日本遠征用の兵団もつぎつぎと北方戦線に投入しなければならなかった」（『大モンゴルの世界』252 頁）と述べる。

　この東方三王家は、クビライが政権を樹立するに際して、まさに「挙兵以来の」最大の支持勢力であった[5]。そのナヤンの反乱はまもなく終息するが、その後も「諸王カダアンが東北アジア全域で抵抗活動をつづけ、朝鮮半島にも乱入した。カダアンの乱が鎮静化するのは、五年後の至元二十九年のことであった。その二年後にはクビライが長逝する。クビライをついだ孫の成宗テムルも日本遠征を完全に放棄したわけではなかったが、カイドゥが進攻したため、その余裕はなかった」（252 頁）という状況であった。

そのカイドゥとは、クビライがモンゴル帝国の宗主権を継承したことに不満をいだき、中央アジアから40年余りにわたり異議を唱え続けたのであった[6]。

（iv）アジアの連帯

ここで、杉山氏の『クビライの挑戦―モンゴル海上帝国への道―』（朝日新聞社、1995年）をも紐解くことにする。氏は「第三回目の日本遠征が、ついに実現しなかった理由として、江南での諸反乱や、ヴェトナムでの『抵抗』などをあげるむきもある。しかし、その実証作業には無理がある。状況からもそれをむすびつけるのは、説得力がとぼしい」（189頁）として、「江南山岳地帯の反乱・暴動は、南宋時代からたえまなくあった。日本遠征の前後でも、またそのさいちゅうでも変わることなくおこりつづけている。日本遠征があったから、反乱をおこしたのではない。また日本遠征に従軍したことのある中級指揮官劉国傑が、わずか二〇〇〇にもみたない『征東兵』をひきつれて内陸部の反乱鎮定にいったからといって、それを中止の理由とするのは無理である」（189頁）と例示し、「ヴェトナムの『反抗』も、日本遠征の中止と、ほとんど関係がない。担当セクションが、まったくちがったのである」（190頁）と説く。

また、杉山氏は「クビライ政権による東南アジアへの『海外派兵』は、炎暑と疫病、そして現地の人々の『反抗』によって、日本遠征の場合とおなじく、『失敗』したといわれている。しかし、これらの遠征が、もともとその地方の軍事征服や恒久支配をねらったものと無条件に決めつけてよいかどうかは、大いに検討の余地がある」（192－193頁）として、「これを『強大なモンゴル軍の東南アジア侵略』といった表現で語られると、奇妙な感じはいなめない。『攻めた』モンゴル側からみると、原典史料をよく検討した結果の見解というよりも、やはりイメージ論にちかいといわざるをえない」（194頁）とも説く[7]。

そもそも、ベトナム等の民衆の抵抗がモンゴルの日本侵略計画を妨げたという主張が人口に膾炙したのは、旗田巍著『元寇 ―蒙古帝国の内部事情― 』（中央公論社、1965年）によるものだった。その例証として、例えば矢代和也は「旗田氏のこの書物は、ここ数年間の日本人民のたたかいのなかで、日本の歴史研究者がようやくたどりつくことのできた一つの到達点を示しているといえるのではないだろうか」と評し[8]、今でもこの考えは受け継がれている。

なお、「サハリンへの元寇」について、片倉氏は前掲論文で「沿海州からサハリンへの頻繁な侵入は、逆にアイヌ民族の抵抗が頑強であったことを物語り、おそらく、当のアイヌ民族にとっても、北方の通商活動に支えられた民族の活力を発揮した戦いであったに相違ない」（89頁）と述べている。

ところで、この文章の前段は榎森進氏の研究を踏まえたものであり、それは元朝のサハリン侵攻を元寇と連動する軍事行動ととらえたものである。中村和之氏は、その榎森氏の所説を再検討し、「元朝が、北方からの日本侵攻を念頭において、サハリンへの侵攻を行ったとは考えにくい。元朝のサハリン侵攻は、女直・水達達・吉列迷などに対す

る支配を脅かす骨嵬（アイヌ）を討伐するためのものであり、防御的色彩の濃いものであった。従って、元軍が、北海道以南への侵攻を意図していたとは考えられない」[9] としており、その実証的説明は説得力を有しているが、今でも海津氏などは従来の節に依拠して記述している。

　かように、蒙古襲来を世界史のなかで、あるいはアジアとの連動で位置づけていくことはなかなか難しいことなのである。ことに蓋然的立論を極力避けて、史料に即して立論することの困難さを改めて痛感せざるをえない。

＜３＞神風は吹いたか

　文永・弘安の両役で吹いたという所謂「神風」は、神国思想の象徴であることから、本来は思想史的に考えるべきことであるが、ここではその実態について述べることにする。

　その理由の一端は、脚本家の早坂暁氏に「二度まで」「台風は正面から遭遇」という初歩的な誤りを含んだ記述があり（「國難―蒙古来たる」『毎日新聞』1998 年 10 月 11 日付）、そのような理解が今もって存在していることによる。つまり、弘安の役は台風がその最終局面に吹いたわけであるが、文永の役については大風雨があったのかどうかという問題である。

　定説は朝鮮史料である『東国通鑑』をおもな典拠として、モンゴル軍は大風雨によって敗退した、ということである。ところが、気象学者の荒川秀俊氏は「文永の役の終わりを告げたのは台風ではない」（『日本歴史』第 120 号、1958 年）という論文を発表し、10 月 20 日（現行の新暦では 11 月 26 日）はすでに台風シーズンの去ったあとであり、また信頼すべき文書に大風雨が起こった証拠はないとして、文永の役に大風雨があったというのは弘安の役と混同したのではないかと推定し、蒙古軍の退去は予定の撤収作戦であった、と結論付けたのである。

　この荒川説を契機に「神風」論争が置き、まず「いや吹いた」という反論に移り、その後「いつ、どこで吹いたか」という点に絞られていった。川添昭二氏は『日蓮 ―その思想・行動と蒙古襲来―』（清水書院、1971 年、後に『日蓮と蒙古襲来』と改題・出版）にて、新史料の発掘により蒙古軍が 10 月 20 日から 11 月に合浦に帰還するまでの間に「神風」にあったことを立証した。そして、それがいつであったかということについては、20 日夜、20 日夜から蒙古軍が合浦に期間するまでのある時点、20 日夜から合浦に期間するまでの間、という三説が成立しうるとして、氏は通説の 20 日夜をいちおう支持したが（『日蓮と蒙古襲来』161－169 頁）、三説のうちどれに帰着するかは現在のところも未解決であると言ってよい。それゆえ、『岩波　日本史辞典』は「元側は自主撤退し、帰途に暴風雨の被害を受けた」という曖昧な記述を採っている。一方、海津氏は「同夜、海上の船に引き上げた元軍は、夜半の暴風により」（既述）と明言しているが、小林氏は「従来では前日の夜に暴風雨があり、いわゆる『神風』が吹いて蒙古

の軍船を沈めたとされる事態である。しかし、最近では遠征軍の内部分裂と、思ったより強烈な日本軍の抵抗から撤退を決め、帰還する途中で嵐に遭遇したのではないかと考えられている」とする（33−34頁）。

この問題については、黒田の研究を川添氏が「神国思想は封建支配の反動イデオロギーの切り札となり、ついには明治の国家神道や帝国主義戦争にも利用された。」と要約しているように、近現代的課題としてもとらえる必要があろう。

授業実践の事例

ここで、前章で得た蒙古襲来の知見を念頭において、戦前期からどのような授業が行われてきたか、見ていくことにしたい。

（1）戦前期

当該時期の実践記録のなかに、井上江章「時局下に於ける元寇の教材観」（『歴史教育』第13巻第7号、1938年）があるので、参考までに取り上げておきたい。

これはわずか2ページの短編であるが、巻頭に「尋常小学国史第二十一北条時宗」という教材名を掲げ、小学校の教材であることを示している。まず「此の四世紀間次第に『白人の優越感』がアジア民族の脳裡に不知不識の間に養はれ」、「日本を除くアジア民族は白人の奴隷といっても過言ではないと思ふ」として、「この意味に於て七世紀前に於けるアジア民族が白人を圧倒した此の史実は如何に我等の心を強くするものであらう」と述べる。

ついで、「七世紀前に於ける日本が天下無敵と自我自尊する、元の大軍を挫いたことは実に痛快であると共に、神国日本のこよなき誇りである、当時に於ける日本こそ真に世界一の存在である」と述べる。そして「古の日本は今の日本であることを思念」し、「松岡全権の国際連盟会議に於ける活躍は、まさしく日本の剛を世界に示し、有色人種である日本人がアジア人種の気魄と日本精神を以って、白人を威圧したのである」とする。

現代においても巷間に流布する「神風」については、「科学的の自然現象でなくて、国民の使命である『国民志操涵養』の上から我々は神風と言はざるを得ない」として、「これぞ惟神の道を実行する国にのみあり得るので、無為の天佑ではなく、国民上下一致の愛国の誠が神を感銘せしめた結果である」と説明する。

最後に「付記」として、「神風以来星霜爰に六百五十余年、今や支那事変酣なる秋にかの大英雄成吉思汗の後裔が、内蒙軍を提げて皇軍と共に暴支膺懲の軍を進めてゐるのも不思議な世のめぐり合せである」と述べるのである。

以上、一々指摘するまでもなく、時流に沿った発言そのものであることがわかる。ここでは、そのような事実があったことを厳粛におさえておくにとどめたい。

（2）戦後期

　私が、前掲(a)論文を書いた際に利用した実践事例は、歴史教育者協議会の編集にかかる、『前近代史の新しい学び方 —歴史教育と歴史学との対話—』（青木書店、1996年）所収のものであった。同書において、鬼頭明成氏は「中世国家と東アジア —『元寇』学習をめぐる課題—」について述べ、それに関周一氏が「コメント」を付している。

　鬼頭氏は『歴史地理教育』誌上の実践報告を整理、ついで生徒の「元寇」認識と授業の展開を問題として、最後に歴史研究と歴史教育の課題を考察する。すなわち、同誌上における「元寇」学習をめぐる議論は1957年に登場し、そこでは「元侵攻」という捉え方の見直しが提唱されたこと、アジア的広がりのなかで把握する試みは藤野達善報告（1966年）や山形洋報告（1974年）に始まり、その契機として1965年に刊行された旗田巍の『元寇』の存在があること、それは周藤新太郎報告（1986年）によって、朝鮮、ベトナムに視野を広げることが進められていったこと、北尾悟報告（1994年）は元軍敗退の要因とされている暴風雨をふくめて「なぜ小国日本が大国元に勝利したのか」という課題を設定し、仮題を立てさせて討論学習を行ったこと、ところが「元寇」観の歪み、つまり「元＝悪者」という思考が克服されていない、等々とまとめ、「元侵攻」という理解が依然として存在することにより、その見直しを提起している。

　一方、関氏は元寇を中国や朝鮮の歴史の中でとらえることは、すでに池内宏『元寇の新研究』（東洋文庫、1931年）において行われていること、しかし元や高麗に対する「征伐史観」が垣間見えることを指摘している。アジア的視野については、旗田に続き村井章介氏が「アジアの元寇」を位置づけていること、片倉氏は抵抗のあり方や人々の意識を検討していること、さらに東北アジアへの元寇としてアイヌ民族の対応について榎森進や中村和之両氏の研究があることに言及している。

　ついで、鬼頭氏は授業で「蒙古国牒状」、つまり蒙古の国書を読ませることにより、「この牒状を無視した幕府・朝廷の態度はよかったのか、悪かったのか」という設問を試み、当時のアジア情勢のなかでの日本の立場を考えさせようとしている。

　この点について、関氏はその設問には「歴史的事実の善悪による価値判断に終わってしまう」危険性が孕むことを指摘し、授業時において「牒状」をいかに取り扱うかよりアジアの国際秩序に目を向けさせることを提案する。

　最後に、鬼頭氏は片倉氏の「＜タタールの平和＞という理解では、侵略と支配に対し、不断、不屈に戦った東アジアと東南アジアの諸民族の抵抗運動とその精神が良く見えず、蒙古の膨張が当該諸地域に与えた、計り知れない悲劇と後世に残した後遺症を十分に看取し得ない」という主張を引用しつつ、「だが、後遺症はこのことだけではあるまい」と問題提起している。また片倉氏が指摘する「元寇観」の問題点としての「蒙古夷狄観」や「遊牧・狩猟民族に対する偏見の再生産」について、鬼頭氏は「侵略と抵抗という図式の元寇観では克服できないだろう」と批判するが、この点については関氏ともども直截には応えていない。

なお、本稿では論述に意を尽くすことができなかった。他日、稿を改めたい。

　（3）最新の実践報告

まさに最新の報告としては、次の2編がある。

① 岩本賢治「次はどうなるの？―モンゴル襲来で推論する」（『歴史地理教育』2009年6月号）

　この岩本報告は「中学生と歴史認識」から始まる。氏は「生活において自己中心性を脱却」することから「自国中心の認識から離れていくことができる」という考えのもと、「中学生の歴史学習は、そのことを意識して、視野がアジアから世界に広がるように、複数の視点を持って多角的に事実をとらえ、認識できるように指導していかなければならない」との方針をもつ。そのために、「複数の立場（視点）を設定し、学級でそれぞれの立場から意見を出しあい、批判しあい、補いあいながら、双方の意見が相互浸透して統一的な見解となり、真理の追究が行われ、自分自身の認識となっていく」という方法を採る。

　つぎに「なぞ解きの楽しさを子どもたちに」として、氏は高麗の三別抄が日本に送った手紙に着目し、その手紙には何が書かれていたのか、日本はどんな返事を書いたのだろうか、日本と三別抄は一緒になって戦えたのだろうか、という「なぞ解き」を行うのである。その方法として、「導入：ヨーロッパに広がるモンゴル帝国」、「展開1　世界最強の騎馬軍団が目の前に！」、「展開2　三別抄からの手紙」と発展させていくのである。つまり、導入においては「バトゥ征西軍リーグニッツ城壁にせまる」（『教養人の東洋史』上巻、社会思想社）を用い、モンゴル帝国の版図を示す白地図に色塗りをさせる、展開1においては『蒙古襲来絵詞』と『八幡愚童訓』を用いて、日本とモンゴルの戦い方の違いを確認させる、展開2においては三別抄からの手紙について、上に述べた「なぞ解き」について班ごとに考えさせ、その目的を「生徒の視点を朝鮮の人々に移動させること、三別抄の立場で手紙を書かせることで歴史を身近に感じさせること、『次はどうなるのか？』と予測し『推論』させ、歴史の事実とつきあわせ『検証』することによって、歴史の学習の楽しさを味わいさせたい」と語る。

　最後に「3　まとめ　東アジアの『元寇』」として、Yさんの「モンゴルが負けたのは、人の法則に反していたからだと思います。人を殺して他人の土地を取って、ものを盗んで壊して、そんなことをしていたから、最後には大変な結果になったんだと思いました。」という感想を紹介して締めくくっている。

② 三橋広夫「中学生と学ぶ『モンゴルの襲来』の授業」（『歴史地理教育』2009年10月号）

　三橋報告は、まず「1　授業の課題」として、従来自らが行った納得のいかない授業、つまり「教師の教えたいことが優先された授業」を克服して、「子どもたちの認識に沿った授業」を目指した実践であると記す。

ついで「2　まずは子どもたちの疑問から」として、教科書の「1274年には、対馬・壱岐をへて北九州の博多湾に上陸し、集団戦法とすぐれた火器により、日本軍をなやましたすえ、引きあげました（文永の役）」という記述と、資料集には『暴風雨で失敗した』とあることの齟齬に気づいたことを紹介する。

　「3　日本は元と戦うべきか」においては、「元からの服属を求める手紙」を資料に討論させ、「4　日本と元の関係を見つめる」においては、「この戦争中も日本の船がたびたび元を訪れたという。これは子どもたちにとって驚きである。なぜなら、戦争をしている相手を訪れるばかりか、貿易までしようというのであるから、子どもたちの思考の範囲を超える」という観点から、日元関係を再考させる資料を作成して、子どもたちに討論をさせたのである。なお、『中学社会　歴史　未来を見つめて』（教育出版、平成17年3月30日検定済）には「元はその後も侵攻を計画しましたが、中国やベトナムの反乱のため実現しませんでした。いっぽう、元と日本との民間貿易は、さかんにおこなわれました」という記述が盛り込まれている。

　「5　千葉大附属中三年生の発表を聞く」においては、附属中生の『一遍上人絵伝』について「一遍の教えはどんな人々に支持されたか」「一遍はどのように教えを広めていったか」という報告を子どもたちに聞かせた。その質疑応答の最中に三橋氏は「戦争のとき、人々はどういう気持ちだったでしょうか」と水を向け、まず「武士から、農民から、日本人は一丸となって元と戦おうとした」という発言を引き出し、それに関わる複数の意見を集約し「命とか被害ということを考えると戦争はしたくない、でも元の侵略に対抗するためには戦わなくてはならないと考えた」とまとめた。また「幕府やそれに従っていた御家人たちと農民などを区別して考えている」意見も収集した。

　「6　まとめ」では、三橋氏は今回の授業は大輔君の「日本はちゃんとした独立国だ。フビライに従うのは嫌だとはっきり告げて元と戦うべきだ」という発言に始まり、この「『日本はちゃんとした独立国だ』という生活に根ざした意見、すなわち子どもたちにとって歴史というのは自分たちとは遠い世界のことだという、いわば常識をうち破る意見だった」とまず評価する。

　また直人君が朝貢について質問したことを取り上げ、その上で大輔君とは「違った視角からフビライの国書を読み直し」た。氏は、「そう考えた直人は二度目の戦争を無意味とし、さらに『承久の乱で戦争をしたので、戦いをするとたくさん被害がでるとわかった日本は、戦いたくなかったと思う』と、承久の乱にまでその認識を広げている」と評価する。

　さらに、敦子さんは「戦えばどちらの国民にも被害が及ぶので交渉すればいい」という認識からフビライの国書を読み、「私は元が嫌いだ。そう思うとさっきのフビライの手紙も嘘のように思えてくる」と認識を深めた、とする。氏は「歴史に近づいた敦子は、自分の認識の中に存在する国家意識を披瀝したことになる」と紹介する。

以下の事例は割愛するが、氏は「私が子どもたちに内在する『国家の論理』にこだわって授業をするのは、これを何か他の論理に置き換えさせるためではない。子どもたちがそのことに気づき、それでいいのかを自問させるためである」と総括し、今後の課題として高麗やベトナムについての質問が出なかったことから、「子どもたちが歴史を見つめるとき、ひとり日本ばかりでなく、さらに世界へ目を向けさせる歴史教育が求められることになる」としている。

　以上で最新の授業実践事例の紹介を終えたい。今回は遺憾ながら批評の紙幅をもてないが、両氏とも並々ならぬ精力をかけての実践であることにただただ敬意を表しておきたい。何故ならば、キーパーソン型人物学習を提唱する安達弘氏は、与謝野晶子の詩2編を取り上げての学習の結果、「先生は与謝野晶子のように戦争を二つの心で見ていこうと思っています。それは戦争にはさけて通れない戦争もあるという厳しい心と、でも戦争はたくさんの人が死んでしまうのでできるだけさけたい、したくないという優しい心の二つです。戦争はハンターイとかサンセーとかそんな単純なものではありません。みんなもこの二つの心で戦争について考えるようにしてください」というメッセージを子どもたちに届けているのである（『人物学習でつくる歴史授業』明治図書、2001 年、129－140 頁）。ここに危うさを感じるのは私だけだろうか。

教科書記述の分析

　ここでは前章の授業実践事例のもととなる教科書記述について報告していきたい。なお、学校制度と教科書制度の概略については割愛する [10]。

　（1）戦前期
　ここで、具体的に小学校用の歴史教科書の記述を、私の(b)論文をもとに見ていくことにしたい。取り上げる教科書は、明治期以降のものの中から、発行された時代を考慮しつつ選択していきたい。
　分析項目は、①題目、②蒙古の国書、③文永の役の顛末、④蒙古軍の戦術及び幕府の対応策、⑤弘安の役とその顛末、⑥第3次日本遠征、⑦その他の特記事項、⑧意義、
　以上の8項目とする。なお、「　」の部分は教科書からの抜粋であり、その他は要約である。

　a.　『史略』（明治5年＜1872＞文部省刊）
　　①「人皇（第九十一代亀山天皇、第九十二代後宇多天皇）
　　②（記述なし）
　　③「伐て却く」

④（記述なし）

⑤「時に大風起こり虜艦覆す。これを弘安の役といふ」

⑥（記述なし）

⑦（記述なし）

⑧（記述なし）

b. 『小学校用　日本歴史』（明治26年＜1983＞金港堂刊、明治27年＜1984＞文部省検定済）

①「第十八章。元寇。北条時宗」

②「其ノ書面無礼ナリケレバ、鎌倉ノ北条執権相模守平時宗断然其ノ使ヲ却ケタリ」

③「兵ヲ遣ハシテ吾ガ対馬、壱岐及ビ筑前ヲ乱暴シ、」

④「敵ノ軍艦ハ吾ガ船ヨリ強大ニシテ、進退自在ヲ極メ石弓等ノ飛ビ道具ヲ仕掛ケレバ、…」

⑤「弘安四年即紀元千九百四十一年」／「水陸ノ戦ヒ昼夜スサマジカリキ」／河野道有の奮戦／「総大将范文虎ハ吾ガ兵ノ驍勇ニ辟易シ、已ニ遁レ去ラントシケル処ニ、俄ニ風荒レ、浪怒リ、…」

⑥「サスガノ忽必烈モ是ヨリ日本ヲ断念シ、吾ガ国ノ武勇ノ名長ク彼レ等ガ記憶ニ残レリ」

⑦「此ノ大難ヲ引キ受ケテ時宗ハチットモ騒ガズ、夷敵ヲ皆殺シニセンカ、一国皆切リ死ニセンカ、二ツニ一ツ決心セリ」

⑧「サレバ外国ヨリ吾ガ国ニ攻メ来タル例古来甚少ク、偶之アルモ彼レニ後レヲ取リシコト無シ。万一一歩モ外国ニ譲ルコトアラバ、此ノ国ハ他国ニ亡ボサレ、…」／「故ニ一旦外国ノ攻撃ヲ受クル事アラバ国民ハ挙ゲテ防御ニ力ヲ尽クサザルベカラズ」／「是レ徴兵ノ要用ナル理由ニシテ、即国ノ太平ヲ守ル方便ナリ」

c. 『小学日本歴史』（第1期国定歴史教科書、明治36年＜1903＞文部省刊）

①「第十九　元寇」

②（記述なし）

③（記述なし）

④（記述なし）

⑤弘安四年／「元兵大に破る」／「をりしも、大風、にはかに、おこりて、……」

⑥「元はまたわが国をうかがはず」

⑦「亀山上皇は、大いに、これをうれへ、身をもって、国難にかはらんことを祈りたまひ、…」

⑧（記述なし）

d. 『尋常小学国史』（第3期国定歴史教科書、大正9年＜1920＞文部省刊）

①「第二十一　北条時宗」

②「蒙古王はすでに高麗を従へ、さらに我が国を小国とあなどり、我をも従へんと
　て、高麗王に命じ無礼なる書を送らしめたり」

③「文永の役」／「文永十一年」／「…博多付近に上陸せしが、我が将士勇敢にし
　て、よく之を防ぎしかば、敵軍遂に逃去りたり。世に之を文永の役といふ」

④「石塁を博多湾の海岸に築かしめて、」

⑤「弘安の役」／弘安四年／菊池武房、河野道有の奮戦／「ついで支那より来れる
　大軍これと会して、まさに攻めよせんと折しも、大風にはかに起りて、…」／「世
　に之を弘安の役といふ」

⑥「これより後、元は再び我が国をうかがふことなかりき」

⑦「時宗は時頼の子にして、相模太郎といふ。生まれつき豪気にして弓の上手なり。
　かつて将軍武人を召して弓を射させたる時、人々みな射そんぜんことを恐れて、
　ためらひたるに、わずかに十一歳なる時宗は、少しも臆する色なく、ひとり馬に
　乗りて進み出て一矢にて的に射あて、大いに誉をあげたることあり」／「亀山上
　皇は大いに之を憂へたまへかしこくも御身を以て国難に代らんことを伊勢の神
　宮に祈りたまひ、」／「近く明治天皇は、時宗の大功を賞したまひて、特に従一
　位を贈りたまへり」

⑧「上下一致して元寇をうちはらふ」／「此の二度の役は、まことに我が国始めて
　の大難にして、…」

e. 『小学国史　尋常科用』（第5期国定歴史教科書、昭和15年＜1940＞文部省刊）

①「第二十一　北条時宗」

②「時宗は、その手紙の無礼なのを見て大いに怒り、使いをただちに追ひかへして
　しまった」

③「文永の役」／文永十一年／「我が将士は少しもひるまず、必死になってよく戦
　ひよく防いだので、元の兵はとうとう逃げ去った。世にこれを文永の役といって
　ゐる」

④「博多湾の海岸に石塁を築いて敵軍に備えると共に、進んで敵地に攻入る計画を
　も立てた」

⑤「弘安の役」／紀元一千九百四十一年、弘安四年／菊池武房、河野道有、竹崎季
　長の奮戦／「にはかに神風が吹きおこって、…」／「世にこれを弘安の役といっ
　てゐる」

⑥（記述なし）

⑦「時宗、十一歳の時の弓の誉れ」／亀山上皇の祈り／明治天皇が時宗に従一位を
　贈った。

⑧「上下一心元寇をうちはらふ」／「天照大神のお助けと、上下一心、長期にわた
　ってこの強敵に当たったので、つひにこれを追ひはらってわが国土を守ることが
　できた」

まず、明治初年の教科書aは国書の無礼であることに触れず、文永の役の顛末も簡略に記述している。ところが、bは日清戦争（1894－95＜明治27－28＞）の前年の刊行だけあり、蒙古を「夷敵」と蔑視し、徴兵の必要性を強調する形になっている。ただし、文永の役の顛末を大風に帰してはいない。cは国定教科書第1期のものであるが、一転して文永の役の記述や蒙古襲来を防ぎ得た意義を説いたりすることなく、あっさりした記述になっている。dは大正期のものであり、この期より時宗の少年期の逸話を取り上げ、児童に親しみやすくかつ尊敬の心を持つべく配慮されている。すなわち、国史の教材をもって国民としての訓育を施そうとする姿勢が窺い知れる。なお「上下一致して」の表現は、明治44年の第2期国定教科書改訂版より登場する。日露戦争（1904－05＜明治37－38＞）後のことである。

　eは1931年（昭和6）の満州事変、37年（昭和12）の日中戦争勃発後の発行である。「進んで敵地に攻入る計画」は明治42年の第2期国定教科書より、「神風」の文言は第4期版（昭和9年刊）を初出とし、ここに皇国少年に蒙古襲来を通じて何を教え込むべきか出揃うことになる。

　ここで、アジア・太平洋戦争の転換点となったミッドウェー海戦大敗（1942年）、ガダルカナル撤退（1943年）の時期に刊行された国定教科書の要点を、上掲a～eに倣ってあげることにしたい。

f.　『初等科国史』（第6期国定教科書、昭和18年＜1943＞文部省刊）

　　①「第五　鎌倉武士」「三　神風」

　　②「その文章があまりにも無礼なので、朝廷では、返書をお与えになりません。」

　　③文永十一年（紀元一千九百三十四年）／宗助国の戦死／「この奮戦が通じ、博多の海に、波風が立ち始めました。敵は海上の船を心配したのか、それともわが軍の夜討ちを恐れたのか、ひとまづ船は引きあげて行きました。夜にはいって、風はますますはげしく、敵船は、次から次へと、くつがへりました。…」／「これを世に文永の役といひます」

　　④「敵のすぐれた兵器、変った戦法になやまされて、」／「元は国の面目にかけても、再征をくはだてるつもりで、すでに、いやがる高麗に命じて、船を造らせてゐましたし、」／博多湾いったいに石塁を築く／「軍船を整へ、進んで敵地に攻めこむ計画さへ立てました。これを聞くと国民の血は、一せいにわきたちました。肥後の井芹秀重といふ老人や、真阿といふ老尼までが、身の不自由をかへりみず、たよりにする子や孫を、国のためにささげようといふ意気にもえたちました」

　　⑤「紀元一千九百四十一年、弘安四年」／河野通有、菊池武房、竹崎季長の奮戦／「敵艦は博多の湾をうづめつくしました。大日本は神国であります。風はふたたび吹きすさび、さか巻く波は数千の敵艦をもみにもんで、かたはしから撃ちくだき、くつがへしました。わが将士は、日ごろの勇気を百倍にして、残敵をおそひ、たちまちこれをみな殺しにしました。敵艦全滅の報は、ただちに太宰府から京都

へ鎌倉へと伝へられ、戦勝の喜びは、波紋のやうに、国々へひろがりました。世に、これを弘安の役といひ、文永の役と合はせて、元寇を呼んでいます」

⑥「元は、さらに、第三回の出兵をくはだてましたが、すでにわが国威におぢけついてゐましたし、それに思はぬ内わもめが起って、とうとうあきらめました」

⑦「日本武士の魂が、果して、かれらの進撃をゆるすでせうか」／「国民いっぱんに節約を命じて、軍費をたくはへさせたり、」／「亀山天皇は、皇大神宮に、御身を以て国難に代ることをお祈りになりました。社といふ社、寺といふ寺、真心こめた国民が満ちあふれました」

⑧「敵は世界最強をほこる元であり、従ってわが国としては、かつてためしのない大きな国難であります」／「思へば元寇は、国初以来最大の国難であり、前後三十余年にわたる長期の戦いでありました。かうした大難を、よく乗り越えることのできたのは、ひとへに神国の然らしめたところであります」／「武士の勇武は、みごとに大敵をくじき、民草もまた分に応じて、国のために働きました。まったく国中が一体となって、この国難に当り、これに打ちかったのですが、それといふのも、すべて御稜威にほかならないのであり、神のまもりも、かうした上下一体の国がらなればこそ、くしくも現れるのであります」（以下省略）

　ここでは、その題目を「神風」として、それに関連させて文永の役の結末が大風雨によるという記述が初めて現れるところに注意すべきである。全体として、ｅの記述を懇切丁寧に増幅し、例えば年老いた者が頼りにする子や孫を国家に捧げるというくだりや、「日本武士の魂が、果して、かれらの進撃を許すでせうか」という記述になって出てくるところに特徴がある。

（２）戦後期
　ここでは、まず戦後最初の歴史教科書である『くにのあゆみ』、話題となった扶桑社版、そして最新の中学、高校日本史（高校は「日本史」、「世界史」と別になっている）の歴史教科書を各々一冊ずつ計４冊を取り上げ、最後に高校「世界史」２冊を参照したい。

　なお、本来は改訂ごとに検証することが本道であるが、今はその余裕をもてないことをお断りする。

ｇ．『くにのあゆみ』（第７期国定教科書、昭和21年＜1946＞文部省刊）

①「第四　武家政治」「一　鎌倉幕府」「蒙古の来襲」

②「その手紙が無礼なので返事をしませんでした」

③文永十一年（西暦一二七四年）／「敵が上陸してきたため、大そう難儀をしました。ところが、大風がおこって、敵の船をくつがへしたので、これを退けることができた」

④（記述なし）

⑤弘安四年（西暦一二八一年）／「この時もまた大あらしがおこって、敵の船を吹きちらしてしまひました」

⑥（記述なし）

⑦（記述なし）

⑧（記述なし）

h.　『中学社会　新編　新しい歴史教科書』(扶桑社、平成21年4月3日文部科学省検定済)

①「第2章　中世日本の歴史～鎌倉・室町時代～」「第1節　武家政治の始まり」「22　元の襲来とその後の鎌倉幕府」

②「フビライは、東アジアへの支配を拡大し、独立を保っていた日本も征服しようとくわだてた。フビライは、まず日本にたびたび使いを送って、服属するように求めた。しかし、朝廷と鎌倉幕府は一致して、これをはねつけた」

③「2回とも、元軍は、のちに『神風』とよばれた暴風雨におそわれ、敗退した」

④「日本側は、略奪と残虐な暴行の被害を受け、新奇な兵器にも悩まされた。しかし鎌倉武士は、これを国難として受けとめ、よく戦った」／「その日、歴史は　蒙古襲来」欄に『蒙古襲来絵詞』をあげ、解説に半ページ余りを費やし、そこに「その戦法は、太鼓やどらを打ち鳴らし、毒を塗った矢と火器を使って攻める」、「博多湾岸に石塁を築くなど」とある。

⑤上記②に同じ。／「その日、歴史は」に「日本側は夜の闇にまぎれて敵の船に乗りつけ、多くの敵兵を斬りたおし、船に火をつけて引きあげた。そこにふたたび暴風雨が襲い掛かり、元軍は大損害をこうむって逃げ帰った」

⑥（記述なし）

⑦「日本の勝利の一因」について「その日、歴史は」に解説あり。

⑧「国難」、「神風」の文字を本文に掲げる。／「こうして日本は、独立を保つことができた」

i.　『社会科　中学生の歴史　日本の歩みと世界の動き』＜初訂版＞（帝国書院、平成17年3月30日文部科学省検定済)

①「第3章　武家政治と東アジア」「1節　武士の世のはじまり」「3　海をこえてせめてきた元軍」

②「フビライが日本に使者を送り、朝貢と服属を要求してきたのは、高麗を征服したのちの1268年のことでした」／「元からの服属を求める手紙」（囲み記事）

③「1274（文永11）年、元軍は九州北部におし寄せ、博多湾に上陸しました。（中略）暴風雨もあって、元軍はすぐに引きあげました（文永の役）」

④「元の集団戦法とすぐれた火器などにおされ、」／「防塁」（写真が掲載され、説明が付される）

⑤「1281（弘安４）年、元の大軍はふたたび九州北部をおそいました。元軍は、幕府軍の抵抗や海岸に築かれた防塁などにはばまれて上陸できないうちに、激しい暴風雨にあい壊滅的な打撃を受けて、引きあげました（弘安の役）」

⑥（記述なし）

⑦「この２度にわたる元軍の襲来を元寇とよんでいます」／「地域史　北と南をおそったもう二つの元寇」（囲み記事）

⑧「元寇は日本人に強い恐怖感をうえつけました。その一方で、暴風雨は日本の神々がおこしたものだと思った日本人の間には、日本を『神国』とし、元軍の一員として戦いをまじえた高麗（朝鮮）のことを低く見る思想が強まっていきました」

j.　『詳説　日本史　改訂版』（山川出版社、2006年３月20日文部科学省検定済）

①「第４章　中世社会の成立」「４　蒙古襲来と幕府の衰退」

②「高麗を全面的に服属させ、日本に対してたびたび朝貢を要求してきた」

③「たまたまおこった暴風雨にあってしりぞいた」

④「元軍の集団戦にすぐれた兵器に対し、」／「博多湾岸など九州北部の要地を御家人に警備させる異国警固番役を強化するとともに、博多湾沿いに石造りの防塁（石塁）を構築させた」

⑤「1281（弘安４）年、約14万の大軍をもって九州北部にせまった。しかし博多湾岸への上陸をはばまれているあいだに暴風雨がおこって大損害を受け、ふたたび敗退した」

⑥「元はその後も日本征服を計画したいたので、」

⑦「2回にわたる元軍の襲来を蒙古襲来（元寇）という」／高麗、旧南宋の勢力や大越（ベトナム）の人々の抵抗が、３度目の侵略を断念させる要因ともなった。

⑧「また御家人以外に、全国の荘園・公領の武士をも動員する権利を朝廷から獲得するとともに、蒙古襲来を機会に西国一帯に幕府勢力を強めていった」

　ここで高校世界史教科書を見ておきたい。その意図するところは、日本史の事象を世界史のなかに相対化して位置づける歴史像をはぐくむことである。

　例えば、『世界史Ｂ』（東京書籍、平成18年＜2006＞3月30日検定済）においては、第11章「ユーラシア大陸諸帝国の栄光」、第13章「中華帝国とアジア」の両章に関連記述がある。

　まず前者の巻頭の「概要」の項には「金と南宋によって分割されていた中国がモンゴルのもとで統一されると、中国は巨大な市場としてその姿をあらわすことになった。帝国は、日本やジャワを攻めて失敗したが、日本や東南アジア諸国はモンゴルとの交易を積極的に求めたため、海上交易も発展し、海の時代を支えた」とある。第1節「モンゴル帝国」所収「モンゴル帝国時代の東西交流」の項に、「東西世界にまたがるモンゴル帝国」の地図を載せ、「モンゴル軍の遠征路」として日本への侵攻を示し、本文では「イ

スラーム天文学の知識にもとづいて中国で郭守敬が授時暦をつくった」と記し、欄外の
囲み記事で授時暦と日本の貞享暦の関連が述べられている。

　つぎに、後者では「概要」の項には「1279 年、フビライはついに南宋を滅ぼし、余
勢をかって攻撃の手を日本・ビルマ・ジャワにのばした。こうして東アジアの中核に成
立した元朝（大元ウルス）は、事実上、チンギス＝ハンの分封地（諸ハン国）をたばね
るモンゴル帝国の宗主国の地位を得て、陸と海の両路をおさえて西方世界に胎児するこ
とになった」とある。第 1 節「元朝の成立」所収「元朝と東アジア」の項では、「朝鮮
半島の高麗を服属させたフビライはつぎに日本列島に目を向けた。1274 年、高麗の民
を徴発して組織したモンゴル・高麗の連合軍は、北九州に侵攻した（文永の役）。南宋
を滅亡させたのちの 1281 年には、南宋の民を動員し、再度の日本遠征を遂行した（弘
安の役）。しかし鎌倉政権下の武士団の抵抗とおりからの台風の襲来のもとで、元寇と
よばれる侵攻は、ともに失敗に終わった」、「フビライは三度目の日本遠征を準備したが、
江南の各地で反乱がおこり、属国としていたヴェトナム北部の大越国（陳朝）や南部の
チャンパーも反抗をし始めた。元は鎮圧の大軍をヴェトナムには進めたが、とくに陳朝
の抵抗ははげしく、3 次にわたる元の進行は撃退された。ヴェトナムでの敗北後、フビ
ライは反抗の姿勢を示したジャワ（シンガサリ王国）を攻撃したが、ここでも元軍は敗
退した」、「こうして元を中心とする東アジアの国際秩序の再編は、ついに達成されなか
った。しかし、元・日本・高麗間の交易船の往来は、戦役の途中でもとだえることがな
かったように、東アジアの交易圏は保たれていた。（後略）」とある。

　一方、江湖で評価が高いとされる『詳説世界史　改訂版』（山川出版社、2006 年 3 月
20 日文部科学省検定済）においては、第 4 章「内陸アジア世界の変遷」、第 3 節「モン
ゴル民族の発展」所収「元の東アジア支配」の項に、「フビライはモンゴル高原と中国
を領有するほか、チベットや高麗を属国とした。さらに彼は南方に進出し、日本・ベト
ナム・ミャンマー・ジャワにも遠征軍を送った。その遠征は強い抵抗にあって、多くの
場合目的を達成できなかったが、元の南方進出は東南アジアに大きな社会変動をもたら
した。（後略）」とあるにとどまる。なお、「モンゴル時代のユーラシア」に授時暦が日
本に取り入れられ貞享暦に繋がることは言及されている。

　如上より、東京書籍版と山川出版社版の差異は歴然としている。また東京書籍版によ
り、世界史において蒙古襲来をどのように東アジア世界に位置づけるか、また授時暦を
キーワードに東西文化の交流の諸相の一端を示す、大いに参考になる記述である。

挿絵・図版の変遷について

　ここでは挿絵や図版の意味するところの大きさを理解することを目的としたい[11]。

　（1）戦前期
　まず、挿絵について簡略に述べておきたい。その意図するところは、児童の理解を容易にすることにあるといえる。しかし、それだけの理由によるものであろうか。そこで挿絵がどのように規定されてきたか概観しておきたい。
　1879年（明治12）、天皇の侍補であり侍講でもあった元田永孚の手になる「教学聖旨」が出された。この教学聖旨の基本理念こそ、明治政府の求める人間像に合致するものであったと考えられる。ここに「古今ノ忠臣義士孝子節婦ノ画像・写真ヲ掲ケ幼年生入校ノ始ニ先ス此画像ヲ示シ其行事ノ概略ヲ説諭シ忠孝ノ大義ヲ第一ニ脳髄ニ感覚セシメンコトヲ要ス」とある。ついで、1891年（明治24）に「小学校教則大綱」が出され、そこには「日本歴史ヲ授クルニ成ルヘク図画等ヲ示シ児童ヲシテ当時ニ実情ヲ想像シ易カラシメ」とある。
　すなわち、「教学聖旨」によりその意図が明確にされ、「大綱」によって制度化されたといえる。
　ここで、前章で取り上げた教科書について、その挿絵を私の(c)論文に拠り見ていくことにしたい。以下、a〜f は前章の教科書に対応させ、挿絵のキャプションを見出しとして掲げることにする。
　a.　「伐元寇」
　本書は、蒙古からの国書の文面が無礼、あるいは不遜であることにも全く触れず、文永の役の顛末も簡略に記述するに過ぎない。
　ところが、挿絵は竹崎季長が敵の首級ふたつをあげ、それを安達盛宗の面前にすえながら戦況報告しているものであり、『蒙古襲来絵詞』下巻四十紙に取材したものである。明治初年のこととはいえ、生々しい図柄である。
　b.　「蒙古軍ノ大敗」
　本書は巻頭の目次に挿絵の項目もあり、そこで標記のように題されている。キャプションは付されず、挿絵に対応する記述は「会々西風大ニ起リ、海水簸蕩シテ賊艦破レ砕ケ、」とある。
　ここで想起されることは、『高等小学歴史』（版権所有　文部省総務局図書課、明治24年＜1981＞刊）所収の挿絵であり、図柄に通底するものがある。これには「賊艦颶風ニ遇ヒテ覆没スル図」というキャプションがつく。矢田一嘯[12]のパノラマ画以前のものである。

c, d.「元寇」

　ここの挿絵は、国定教科書の第1期から第5期まで（第2期改訂版もふくむ）同じものが掲載された。『蒙古襲来絵詞』下巻二十六紙の艦船を中央に据え、手前の小船は下巻十九紙をもとにしたものである。後景の艦船は下巻二十八紙である。なお、中心の艦船の船尾では、竹崎季長が敵の首を掻き取らんとする場面であり、その相手は武装していないことに注意したい。

　e, ⅰ）「わが勇士の奮戦」

　上記c, dの挿絵と同じであるが、キャプションが変わった。この教科書は巻頭に「神勅」を掲げ、1937年（昭和12）の日中戦争勃発以後の時局の要請をうけたものであることがわかる。

　e, ⅱ）「元兵来寇の図」（地図）

　この地図は第3期国定教科書から掲載された。この期の教科書は、例えば北条時宗の少年期の逸話を取り上げ、児童に親しみやすくかつ尊敬の心を持つべく配慮されている。その点から考えると、地図を示すことにより、蒙古襲来を児童にも分かりやすく教授することが意図されていると思われる。

　つまり、時宗の逸話を取り上げることにより、児童に国民としての訓育を施そうとすることに加え、「東亜」すなわち東アジアにおける地理的位置関係を理解させようとしていることが窺い知れる。

　e, ⅲ）「博多湾の石塁」

　この挿絵は、ここにおいて初めて掲載された。この第5期国定教科書といえば、1940年（昭和15）の刊行であり、蒙古襲来の全体的記述については、ここにいたり皇国少年に何を教えるべきか出揃うことになる。

　ここに石塁が登場することは、その石塁の築造がどのように行われたかを教授することを目的とする。本書に、「博多湾の海岸に石塁を築いて敵軍に備えると共に、進んで敵地に攻入る計画をも立てた」とある。まさに時局と合致するわけである。

　この挿絵のモデルは、史蹟現地講演会編『元寇史蹟の新研究』（丸善株式膾炙、1915年）所収、「発掘を終れる元寇防塁の一部」（大正二年七月二十日）というキャプションのついた写真である。

　f, ⅰ）「元の勢」（地図）

　世界地図のなかで、当時の情勢がどのようなものであったか。その点については、すでに『校正　日本小史』（大槻文彦著、明治20年＜1887＞文部省検定済）以降、示されているわけである。そこでは、「此時、蒙古ハ、尽ク亜細亜ノ中西部ヲ従ヘ、欧羅巴ノ東部ヲモ併セ、又、支那高麗ヲ降シ、其疆土兵勢ノ強大ナルコト、世界無比ナリニシ」と説明されている。

　それがこの期に至って、歴史地図として歴史学習の教材としてその地歩をしめたわけである。

f, ⅱ）「北条時宗」

この時宗像は、満願寺原蔵、元寇史料館のものをもとにしている。

f, ⅲ）「元寇」（地図）

蒙古軍の来寇図、e, ⅱ）を地名の点でやや詳細にしたものである。ただ、朝鮮半島南部と九州北部を示すのみで、弘安の役の江南軍の出発点を示していない。

f, ⅳ）「老尼の意気」

初出である。この挿絵についての説明はすでに述べたが、年老いた者が頼りにする子や孫さへも国家に捧げるというものである。本書の結びに、この国難を乗り越えるために「民草もまた分に応じて」国のために働いたことが称揚されるが、それはこの部分に呼応するものであろう。

f, ⅴ）「不意打ち」

この挿絵は、『蒙古襲来絵詞』下巻十五紙「草野次郎経永の兵船」をもとに描いたものと思われる。

「不意打ち」なるキャプションは教材としての適否はいかがなものであろうか。真珠湾奇襲攻撃を想起させる。因みに、本書では「御国の命を翼にかけて、やにはに真珠湾をおそひました」とある。辞典を紐解くと、「ふいを討つ」は「相手の油断をみて、いきなり何かをする。奇襲をする。また、おどろかす。」とある（『日本国語大辞典』第9巻、小学館、1976年、252ページ）。

f, ⅵ）「敵艦全滅」

矢田一嘯のパノラマ図を参考にしたものであろうか。しかし、矢田のものと比べると線の細い描写である。これに関わる本書の記述は、「大日本は神の国であります。風はふたたび吹きすさび、さか巻く波は数千の敵艦をもみにもんで、かたはしから撃ちくだき、くつがへしました」とある。

（2）戦後期

gは章末に「禅宗の寺」の写真を掲載するだけで、蒙古襲来と直接的関わりはないと考える。

h.「13世紀後半の世界」と題する地図、「フビライ・ハン」肖像画、「元軍の進路」図、「その日、歴史は　蒙古襲来」欄として『蒙古襲来絵詞』より「蒙古の襲来で元軍と戦う御家人」と題した竹崎季長の場面。ここに詳細な解説を付している。「元軍の上陸を防ぐために博多湾の海岸線に築かれた石塁」の写真もある。

なお、同書の市販本の『新しい歴史教科書　改訂版』（扶桑社、平成17年＜2005＞）には「『敵国降伏』の書」が掲載され、「亀山上皇が元軍への勝利を祈願して筥崎宮に納めたものといわれる」の説明がある。

i.①「元軍と戦う武士＜『蒙古襲来絵詞』東京都　宮内庁三の丸尚蔵館倉＞」とあり、先生の似顔絵が書かれ、吹き出しに「この絵は、九州の御家人の竹崎季長が元との戦い

で、恩賞として地頭の職をもらったことに感謝して、つくったものなんだよ」とある。②ユーラシア大陸の地図が掲載され、「モンゴル帝国の領域」と題して領域と「元に服属した国」、「モンゴル軍の遠征路」も示されている。③「元寇防塁のあと」と題して写真が載り、「元寇に備えて、幕府は、御家人に命じて、博多湾沿岸に、高さ3ｍの石塁を築きました。写真は復元したもの」と説明する。なお、上記の①～③の数字そのものも教科書に示されているものである。

　ここで重要なことは、『蒙古襲来絵詞』の最新の研究成果を示す場面として第二三紙、第二四紙が載せられていることである。この場面はよく使用されるものであり、適切な解説を示すと「左が元軍、右が日本の騎馬の武士竹崎季長です。『てつはう』とよばれる元軍の火薬が爆発し、元軍の兵が集団で矢を放つなかを戦う姿がえがかれています。（文永の役）」となる（『中学社会　歴史的分野』日本文教出版、平成17年3月30日検定済）。

　この第二三・二四紙について、村井章介氏は『北条時宗と蒙古襲来』（日本放送出版協会、2001年）において、先行研究を踏まえて「両紙の継目付近に描かれた三人の蒙古兵は追筆である」と紹介する（157頁）【最終頁の図版参照】。

　j.「12～13世紀の東アジア」の地図、「元軍との陸戦の図」（『蒙古襲来絵巻』）、「蒙古襲来関係要図」として朝鮮半島南部から九州北部までを示した地図、「防塁跡」の写真、計4点が掲載。

　なお、世界史教科書について、前掲の山川出版社版は元朝関係のものとして、「モンゴル帝国の最大領域」図に「フビライ＝ハンの時代の遠征路」、「モンゴル帝室の系図」、「フビライの狩猟図」、「「モンゴル時代の通行証」、計4点あるが、蒙古襲来そのものの図版はない。

　東京書籍版は、「ユーラシア大陸諸帝国の栄光」所収、「モンゴル帝国」の節に「東西世界にまたがるモンゴル帝国」として「モンゴル軍の遠征路」に日本侵攻も図示、「中華帝国とアジア』所収、「元朝の成立」の節に「モンゴルの騎兵」、「元の交鈔」、「モンゴル帝国の牌符」、「元の観星台」、「元寇」（蒙古襲来絵詞）と配されている。

　最後に山川出版社の高校日本史（前掲）と東京書籍の高校世界史（前掲）所載の「元軍との陸戦の図」、「元寇」とも上記の『蒙古襲来絵詞』の有名な場面であるが、退却する蒙古兵の部分はカットされている。

グローバル時代の歴史教科書とは

（1）問題提起

　私は先に渡部昇一、早坂暁両氏の見解を示した。さらに井沢元彦氏には『逆説の日本史 ―中世神風編―』（小学館、1998 年／奥付に、初出は『週刊ポスト』1996 年 11 月 22 日号〜98 年 1 月 1・9 日号に連載したものを再構成、とあり）におけるモンゴル民族についての発言がある。

　すなわち井沢氏は「もともと遊牧民族は、中原に住む漢民族にとって野蛮人以外の何者でもなかった。一か所に定住せず、常に移動している彼等に、『腰を据えた文化』など築きようもなく、」と説明するくだりがある（212－213 頁）。井沢氏の発言は、まさに片倉氏の指摘する「蒙古夷狄観」や「遊牧・狩猟民族に対する偏見の再生産」に合致するものである。

　私は、そのおよそ 10 年前に「高校世界史における内陸アジア遊牧民の生活文化」（『総合歴史教育』第 23 号、総合歴史教育研究会）を書いた。そこでは高校世界史教科書 6 社 11 種類を取り上げ、「遊牧がどのように理解されているか」及び「遊牧民族の生活と文化がいかに語られているか」の二点から分析したものであった。その結果、その記述が精粗さまざまであることがわかり、いくつかの問題点が指摘できた。まず遊牧についての定義、基本的な生活様式についての理解などに、根本的な問題が存在した。また、安易に遊牧経済を農耕経済と比較する記述も見られる。これらについては、両者の生活原理は全く異なっている、というところから出発する必要があろう。概して、執筆者の理解に疑問符が付いたのであった。換言すれば、執筆者に人を得ていない、あるいは勉強不足であるとも言いうるであろう。

　井沢氏の発言もその類いである。「蒙古夷狄観」も遊牧文化に対する理解の欠如に起因すると考えられる。ここでその「夷狄」という語句についても一言しておきたい。古代中国における中華と四夷、漢民族は自らを「中華」と美称し、四夷の異民族（非漢民族）を「夷狄」、「蛮夷」と卑称して蔑視したといわれているが、そこを再検討する竹村卓二氏の論考が現れたのである。氏は、両者の関わり合いの歴史から「両者のあいだにはもともと絶対的な差別というものはなかったと考えてよい。しいていうならば、『文化の格差』にもとづく優越意識であって、少なくとも『人種的差別』はなかったのである」という視点から、例えば北方の異民族を古く「（北）狄」と呼んだのも、かれらの生活が狩猟、牧畜を主体にしていて、犬や狼と密接な関係があったからであり、それはその民族の生態や習俗の特徴をとらえて族名としていると考察している[13]。至当な発言である。

　私はそのような体験から、グローバル時代の歴史教科書はどのように考えられているか、という点から出発したい。

私は、自らの専攻分野との関連から杉山正明、森安孝夫両氏等の論考から学びつつある。この両氏においても標記についての記述は存在する。

　まず杉山氏は、『逆説のユーラシア史 ―モンゴルからのまなざし―』（日本経済新聞社、2002年）において、第1章「ユーラシア史をとらえ直す」として、「1、一九世紀の負の遺産＝『世界史』という科目」、「2、遊牧文明　もうひとつの世界史」と述べていく。その第1節に「地球化時代の真の世界史像を」という項目があり、氏は「大学を中心とする学術研究界においては、戦前・戦後も一貫して、世界史にかかわる諸分野を西洋史と東洋史という日本独特の名乗りで両分する二頭立て状態がひきつづいたが、こと世界史という全体像を物語ろうとすると、研究レヴェルにおける『国際発言力』をほぼ逆転させたようなかたちとなった。東洋史という名のアジア史研究者からの世界史への発言は、どうしても稀となりがちであり、反対に欧米での思潮・動向に敏感な西洋史家たちがおおむねはリーダーシップをとって、西欧中心型の世界史像が『護持』されてきた面が否めない」（36頁）と述べる。

　森安氏は大阪大学21世紀COEプログラム「インターフェイスの人文学」という取り組みをし、『シルクロードと世界史』（大阪大学、2003年）という報告書を出している。

　そこに氏の「世界史上における中央ユーラシアの意義」なる一文があり、「アナール学派の総帥だったフランスのブローデルは、ヨーロッパの敵でありながらヨーロッパ形成に重大な影響を与えたイスラム世界についてはピレンヌについでかなり正当な評価をしているが（マホメットなくしてシャルルマーニュなし）、彼がリセの学生のために書いた世界史教科書を見ると、その中央アジア史についての理解は、実に惨憺たるものである」と説き起こし、「第一に、近代以前の世界史を動かす原動力となってきた中央アジアの遊牧騎馬民族、東西交渉の担い手であったシルクロードの商人たち、そして初めて世界を1つにまとめ、本当の意味での世界史を登場させたモンゴルに対して、正しい認識をするに至っていない。簡単に言えば、その程度は、日本の明治以来現在まで使われてきた大多数の中学・高校の教科書と同じである（帝国書院のものはやや例外的）。明治維新の時に西洋より輸入・借用された西洋中心の万国史の流れをいまだにひきずっている高校の世界史教科書だけを『独力で』読んで、世界史が分かったという生徒はまず1人もいないであろう（教師が優れている場合のみ例外）（266頁）と述べる。

　両氏に通底する考えは、ユーラシア史の理解である。

　（2）提言の内容
　私はかつて前川貞次郎の「メルカトル世界史像 ―大いなる錯覚―」（『図書』1968年12月号、岩波書店）に出会い、目から鱗が落ちる感をいだいたものである。前川は「この図法によると北緯40度以北が大部分を占める『ヨーロッパ』の面積が不当に拡大され、ヨーロッパと大きさでは大差のない低緯度の『インド』（パキスタンをふくむ）が、

イベリア半島程度の大きさに示されることになる。『ヨーロッパ』は大陸で、インドは『アジア』大陸の一つの半島のような錯覚をあたえることになる」、「その面積においてインドと大差のないヨーロッパをアジアやアフリカとならぶ大陸と考える誤ったこの伝統的な地理的概念＝大いなる錯覚を定義化したのは、さきに述べたメルカトル図法であったともいえる」、「ヨーロッパを不当に拡大し過大視し、アジアやアフリカを不当に過少視した世界像、ヨーロッパ＝『大陸』観が、あたかも事実であるかのように通用している。それはまさに錯覚に立脚したヨーロッパ中心の世界像を地理的に基礎づけたものといえる」（29−33頁）などと、問題提起を行ったのである。

　それから40年余りが経過したが、このメルカトル図法のもつ欠点を知り、そこから生み出された歴史的視点を矯め直してきただろうか。答えは否である。私たちの心にはいまだにその残滓があると言わざるをえない。

　杉山氏は、前掲書において「とにかく、どう考えても、特定の国・地域・文化圏を中心に眺め、過去の人類史を自己本位に切り取ってきた世界史像がよいわけはない。各時代・各地域の『本当にあったこと』を、それが本来もつ輪郭・比重でおし眺めた適正な世界史像こそが、地球化時代に身を置くわたしたちには必要なことだろう」、「そこにおいて問題の核心にあるのは、なにが地域と地域、文明圏と文明圏をつなぎ、世界史を世界史たらしめてきたか、ということだろう。なにが、世界史という全体像において、人と『とき』を動かすダイナミズムであったのか、ということでもある」、「そうしたさい、さきに述べたように、これまで世界史理解のなかで、もっともマイナス・イメージでとらえられてきた遊牧と遊牧民、そしてそれが世界史上にはたしてきた役割と意味を真正面から見つめ直すことは重要なポイントとなるであろう」、「従来の偏った世界史を見直し、あたらしい本当の世界史像をつくってゆくためにも、遊牧民とその歴史をきちんととらえ直すことが欠かせない。それはまた、近現代の世界を構成してきた既成の枠組みを根底から考え直すことにも通じる」と提言する（38−39頁）。

　一方、森安氏は前掲報告書において、先の引用個所に続いて「それは中央ユーラシア（東ヨーロッパ＋中央アジア＋モンゴリア＋チベットの乾燥地帯）の歴史をすっぽり落としているためであって、そのためにいわゆる東アジア文化圏（東北アジア文化圏・東南アジア文化圏を含む）・南アジア文化圏・西アジア文化圏・地中海文化圏・ヨーロッパ文化圏相互の動きが、ひとつながりのものとして有機的に説明されていないからである。ヨーロッパ勢力が鉄砲と船でもって世界に乗り出してくる近代以前の歴史において、中央ユーラシアは、そこにいる遊牧騎馬民族の世界最強の軍事力と、これら諸文化圏全てを結びつける地理的条件との両方の故に、決して無視できないどころか、それ抜きの世界史などありえないのである」とする（266頁）。

　さらに森安氏は『シルクロードと唐帝国』（『興亡の世界史』第5巻、講談社、2007年）の「本書の枠組みと目的」において、「本書の読者としてまず第一に期待しているのは、高校の世界史・日本史・現代社会などの教員である。その理由はもはや自明であ

ろう。すでに社会に出て諸分野で活躍している日本人の基本的な歴史知識は、ほとんどが高校時代の歴史教育ないし大学受験勉強に依存しているのである」(25頁)、「本書の大きなねらいは、これまで幾度となく語られてきたシルクロードと唐帝国に関る歴史を、西欧中心史観とも中華主義思想とも異なる中央ユーラシアからの視点で、わかりやすく記述することにある」、「いいかえれば、遊牧騎馬民集団とシルクロードの両者を内包する中央ユーラシア史の側からユーラシア世界史を、すなわち前近代の世界史を見直すのである」と敷衍する。

おわりに —今後の展望—

（1）「元寇」という用語について

　ここで、「元寇」という歴史用語について考えておきたい。川添昭二氏は前掲『蒙古襲来研究史論』において、「元寇という用語は、管見の範囲では、近世になってから熟したもののようである。享保五年（一二七〇）幕府に献納された『大日本史』本紀第六十三の弘安の役の項には『元寇』の語がみえる」(15頁)、以後当該問題は時局ことに外圧との関りのなかで取り上げられる傾向にあった。

　ところが、中村直勝氏は「元寇か蒙古襲来か」（『史迹と美術』第45集第6号、1975年）という論考で、「文永弘安の役は、蒙古襲来であって、決して元寇ではない」と結んでいる。氏は、当時の日本人からすればモンゴルは「北方の異賊であり、蛮族である」から、朝野ともども「この『蒙古襲来』という看板には非常な重要さがある」として、「文永五年の国書には大蒙古国であった。従って、文永十一年は蒙古襲来であった。これはたしかに元寇ではない。弘安二年に『元』の国が創まったのであるから、弘安四年は元寇というならば言えるのであるが、それでも日本では、決して元寇の文字は使っていない」と説くのである。そして、「恐らく元寇という表現は案外に新しく、日清戦争か日露戦争の頃から、ではなかろうか。わが国民の敵愾心を煽り立て、大敵に向っても必ず大勝」すべき先例として、軍国主義時代に、軍国主義者の作為ではなかったか」と述べているのである。

　また杉山正明氏も、「元寇」とは「中国文献に使われる『倭寇』に対するアンチ・テーゼとして明治期に生み出された造語ではないかと考えている」と記した時期があった（『クビライの挑戦』187頁）。さらに、氏は「『元寇』と『倭寇』」と題して、「『寇』とはどろぼう、強盗を意味する。とくに『こそどろ』を濃密に含意する」、「『元王朝のこそどろ』というのは、漢語の立場では、本来成立しにくい語なのである。実際、『元寇』という語は、すくなくともわたしの知る限り、当時から近現代にいたるまで、中国で記された漢文の典籍・文書・記録には見えない」(122-123頁)、「この語の〝発明者〟が、いったい誰であったかは定かではないが、多分になかば冗談・皮肉のつもりだったかもしれない。しかし、いわゆる神国思想や国体意識ともおそらくは連動して、『元寇』と

いう日本人にとっては、そう悪い響きではない表現・語感が歓迎され、次第に普及していったのだろう」（124 頁）と論述する（「モンゴル時代のアフロ・ユーラシアと日本」、『モンゴルの襲来』＜『日本の時代史』第 9 巻＞所収、吉川弘文館、2003 年）。

　現在の中学校の歴史教科書においては、おしなべて「元寇」の用語が使われている。私たちの意識の問題として、ここから見直していくことも必要であろう。

　（2）「アジア諸民族の連帯」をどのように考えるか

　既述のことであるが、新たに例示すると『新中学校　歴史　改訂版　日本と世界の歴史』（清水書院、平成 17 年 3 月 30 日文部科学省検定済）には、「元とアジアの人びと」と題して「元は 3 度目の日本への襲来を計画したが、中国南部や漢民族の反乱や高麗・ベトナム・琉球・サハリンなどの人びとの元に対する抵抗で延期し、フビライの死によって中止した」とある。

　この記述の淵源は旗田巍著『元寇』にある、と私は考えている。旗田はこの書物の「はしがき」に、「私は蒙古帝国の意図する日本襲撃に対して、蒙古支配下のアジア諸民族、とくに朝鮮人、また中国人やベトナム人が抵抗し、それが日本侵略計画を停頓・挫折させた主要な力であったことを明らかにし、日本とアジアとのつながりを考えた。元寇は、戦争をたたえたり、アジア諸民族に対する排外主義をあおる材料となるべきものではない。逆に日本とアジアとのふかい関連を考えさせるものである」と記す。

　この『元寇』の刊行をうけて矢代和也は「旗田氏のこの書物は、ここ数年間の日本人民のたたかいのなかで、日本の歴史研究者がようやくたどりつくことのできた一つの到達点を示しているのではないだろうか」と評した（既述）。矢代のこのような見解は、どのような時代相を反映していたか、考えておく必要がある。

　この頃、日本の中国研究ではアメリカのアジア、フォード両財団の資金受け入れ問題が起こっていた。これは日本の現代中国研究を援助するため、台湾の中央研究院と東京の東洋文庫に 17 万 3000 ドルの補助金を提供するものであった。しかし、当該研究者側からこのような資金提供をうけて自主研究ができるのか、アメリカの極東政策に利用される恐れはないか、という疑問が提出され論争となったのである [14]。

　この時期、旗田は日本のアジア研究が、敗戦以前はたえずアジア侵略政策と結びついて成長し、学問の性格を形成してきた、その伝統的性格はＡ・Ｆ資金援助による中国研究肯定の態度と無縁ではないとして、研究そのものの内在的批判の必要性を主張していたのであった [15]。

　確かに旗田氏のこの見解を首肯させるような動向が存在したのであった。日本は 1945 年 8 月にポツダム宣言を受諾し無条件降伏を余儀なくされ、アメリカを中心とする連合軍の占領下に置かれ、実質的にはあらゆる面でアメリカ占領軍の厳しい統制をうけた。しかも、中国大陸から国民党軍が敗退し、1950 年 6 月に朝鮮戦争勃発の局面を迎えると、情勢は一段と険しくなった。その結果、日本の中国研究はその影響を直接的に被ら

ざるをえなかった。例えば、新中国に対して敵視政策をとったアメリカの占領下にあった日本政府は、アメリカに追随して新中国には敵視政策をとり、蒋介石の国民党政府を承認していた。従って、日本は新中国との交流はもとより、中国についての研究・調査にも大きな困難が生じたのである[16]。

先のA・F両財団資金受け入れ問題は、このような流れの上に位置するのである。また旗田の「元寇」観も同じ流れのなかにあると考えてよいであろう。

さて、1990 年代より東洋史学界には杉山氏を中心としてモンゴル史像見直しの声があがり、昨今はその方向でかなり定着してきたといえる。氏は「第三回目の日本遠征が、ついに実現しなかった理由として、江南での諸反乱や、ヴェトナムの『抵抗』などをあげるむきもある。しかし、その実証作業には無理がある。状況からもそれをむすびつけるのは、説得力が乏しい」(既述)と説いた。

歴史学研究に携わる者としては、杉山氏の見解は首肯できる内容のものである。従って、旗田の「客観的事実としては、蒙古襲来を阻止する運動が各地にあった」(『元寇』「はしがき」)と断言することは問題があろう。ただ、注意すべきこととして高麗の問題は別である。すでに明らかにされているように、蒙古の高麗侵略と日本遠征は密接な関係がある[17]。また、このように述べてきたからとはいえ、旗田氏の「元寇は、戦争をたたえたり、アジア諸民族に対する排外主義をあおる材料になるべきものではない。逆に日本とアジアとの深い関連を考えさせるものである」という見解を否定するものではないことも明確にしておきたい。

以上、紙数は既に尽きたようである。問題点を羅列したにとどまった感が否めない。贅言の感を免れないが、杉山、森安両氏の功績は中央ユーラシアから中国史を捉え直すことにある。「中心」と「周辺」、そのどちらにも偏することない視点とは相対化ということであり、そこに比較文化学の地平を拓く鍵がある、と筆者は考える。

日本には日本のグローバル＝アイデンティティの形があると考え、一方で日中韓の歴史認識をめぐる対話の蓄積もある。それらを活かしながら考えていく。問題は始まったばかりである。

【図版】

　日本では教科書が全カラー印刷となり、図録もさらに充実していく傾向である。次に
掲げる『蒙古襲来絵詞』は、竹崎季長が鳥飼潟で奮戦している場面であり、鉄砲が始め
て描かれた場面としても知られる。

　次に掲載する上図は「元軍との戦い」というキャプションがつき（『高校日本史Ｂ　新
訂版』実教出版、2010 年、67 頁）、下図は「蒙古襲来絵巻」となっている（『プロムナ
ード　日本史』浜島書店、1999 年、64 頁）。

　本郷恵子氏は、この下図を掲げ、「蒙古兵と戦う竹崎季長」として、「『蒙古襲来絵巻』
は、文永・弘安の役の基本史料だが、傷みが激しく、書誌的に問題が多い。季長を攻撃
する蒙古兵と『てつはう』は江戸時代に描き加えられたもの」と記す（『全集　日本の
歴史　第 6 巻　京・鎌倉　ふたつの王権』＜小学館、2008 年＞248 頁）。

【註】

1 野口周一「国際交流についての一試論」（『新島学園女子短期大学紀要』第11号、1994年）参照。

2 関幸彦氏は『大日本史』で用いられたことを指摘している。『神風の武士道 ―蒙古合戦の真実― 』（吉川弘文館、2001年）46頁。

3 愛宕松男の「露骨な脅迫や挑戦の意を真向から振りかざしてゐない裏面には、確かに第三国たる吾国を宋側に加担させまいとする政策的な意図が含まれてゐると見なして差支へなからう」という指摘は再度吟味する必要があろう。『忽必烈汗』149頁。

4 片倉穣「モンゴルの膨張とアジアの抵抗」（『アジアのなかの日本史Ⅳ 地域と民衆』所収、東京大学出版会、1992年）92頁。

5 モンゴル帝国における東方三王家の重要性を夙に指摘した論考は、海老澤哲雄「モンゴル帝国の東方三王家に関する諸問題」（『埼玉大学教育学部紀要』＜人文社会科学＞第21号、1973年）である。

6 野口周一「ハイドゥ／海都／Khaidu」（『世界歴史大事典』第15巻所収、教育出版センター、1985年）200－201頁。

7 野口周一「歴史イメージの形成について」（「異文化社会間における人間関係論の確立に向けての提言」所収）参照。

8 書評「黒田俊雄著『日本の歴史8 蒙古襲来』―旗田巍『元寇』・山口修『蒙古襲来』にふれながら」（『歴史評論』第191号、1966年）49頁。なお、矢代の『中世史研究と歴史教育論 ―遺稿と追悼』（校倉書房、1991年）に本書評は再録されている。また、この書を紐解くことにより、その真摯な生き方と歴史教育に捧げた情熱を知ることができる。

9 中村和之「『北からの蒙古襲来』小論 ―元朝のサハリン侵攻をめぐって―」（『史朋』第25号、1992年）6－7頁。

10 岡田精一、吉井宏「歴史学習と学習指導要領の変遷」（『歴史教育と歴史学』所収、山川出版社、1991年）、中村紀久二『教科書の社会史』（岩波書店、1992年）、歴史教育者協議会「歴史教育50年のあゆみ」（『歴史教育50年のあゆみと課題』所収、未来社、1997年）参照。

11 上原いづみ「明治期歴史教育における『歴史画』の研究」（『筑波大学社会科研究』第21号、2002年）、北原恵「教科書のなかの『歴史／画』」（『歴史評論』第634号、2003年）参照。

12 太田弘毅『元寇役の回顧 ―紀念碑建設史料―』（錦正社、2009年）参照。

13 竹村卓二「少数民族の歴史と文化」（『漢民族と中国社会』所収、山川出版社、1983年）333－335頁。

14 野口周一「中国研究」（『地域研究入門 ―多文化理解の基礎』所収、開文社出版、1997年）45－46頁／伊藤一彦「日本の中国研究」（『岩波講座 現代中国』別巻2所収、岩波書店、1990年）21頁。

15 旗田巍「日本における東洋史学の伝統」（『歴史像再構成の課題 ―歴史学の方法とアジア』所収、御茶ノ水書房、1966年）205頁。

16 野口周一「中国研究」41－42頁／江副敏生「現代」（『中国史研究 入門』下巻所収、山川出版社、1983年）489－490頁。

17 李益柱「蒙古帝国の侵略と高麗の抵抗」（『歴史評論』第619号、2001年）参照。

あとがき

本書の構成

　まず本書を構成する論文の初出を示すことにする。
　1. 「道徳教育の原理と方法：序章」（『湘北紀要』第 30 号、ソニー学園湘北短期大学、2019 年 3 月）
　2. 「道徳教育における人物学習：東郷平八郎編 ―道徳教育の原理と方法（2）―」（『総合歴史教育』第 53 号、総合歴史教育研究会、2019 年 3 月）
　3. 「道徳教育における人物学習：北条時宗編 ―道徳教育の原理と方法（3）―」（『地域政策研究』第 22 巻第 3 号、高崎経済大学地域政策学会、2020 年 2 月）
　4. 「『伝記書の分析と指導』(1960 年刊)出版の意義をめぐって（上）―道徳教育の原理と方法（4）―」（『総合歴史教育』第 54 号、総合歴史教育研究会、2020 年 3 月）
　〔付編〕「元寇！キミならどうする？ ―歴史教科書における『元寇』叙述をめぐって―」（日本比較文化学会関東支部編『比較文化学の地平を拓く』所収、開文社出版、2014 年 3 月）

　次に、その概要を示すことにする。
　1. 本稿においては「伝統と文化の尊重、国や郷土を愛する態度」に着目し稿を起こした。そして道徳教育の原理と授業の方法論の重要性について、教職科目として存在することの意義はおいておくことにしても、人間・歴史・文化を考えていく上において道徳教育は有効な示唆を与えていくものとなりうる可能性があることを論じた。
　2. 安達弘氏の『人物学習でつくる歴史学習』所収の東郷平八郎論を取り上げ、歴史学者齋藤忠和氏の実証的研究に照らし合わせつつ検証した。然る後に初等社会科を中心に人物学習の重要性を訴えたもの。
　3. 上掲〔2.〕論文を継承するものとして歴史上の人物を中世から選んでテーマとした。ここにおいて、荒唐無稽と思しき意見を述べる識者が一定数存在することを明らかにし、その誤謬の根底に何があるかを検証した。
　4. 著者の母校であった高崎市立中央小学校は研究テーマ「伝記書の分析と指導」を与えられ、その成果を刊行、その意義について考察したもの。道徳教育における徳目の問題、多様な児童たちに伝記書をどのような活用するかという提言を纏めたもの。

〔付編〕モンゴル襲来という東アジアを舞台とする歴史事象について、初等社会科を中心とする授業実践において戦前期と近年の事例から概観、ことに近年求められている道徳との関りも模索した。

著者のアプローチ

さて上記の諸論考に通底する語句として、即座に「道徳教育の原理と方法」という用語にお気づきであろう。これは渡部治氏のご著書『道徳教育の原理と方法』(八千代出版、2012 年) に倣ったものであり、私の渡部氏より学びたいという思いの末に継承させていただいた次第である。私にとっては僭称である。

さて渡部氏は、同書の第 10 章「大乗仏教の思想と道徳教育」において面目躍如たるものがある。本章は「1、仏教の根本思想」、「2、道徳教育への指針」、「3、蟻の町のマリア・北原怜子」「4、マザーテレサの献身」の 4 節からなり、その第 2 節は (1) 人間観、(2) 無常観、(3) 社会的性格、の 3 項目からなり学ぶことは多々ある。ことに渡部氏は第 4 節の末尾において、「カントは博愛の偽善性を否定した。しかし、『捨身』の行為の人々のなかに、私たちは博愛の偽善性など微塵もないことを知るであろう。道徳性の究極の輝きがここにある」と断言される。私はここに希望を託するのである。

また〔付編〕は第 3 論文で言及してきたものであり、私の出発点ともかさなるので採録した。もう一点、私が大切にしてきた視点がある。それは本務校の長沼秀明教授のご仲介により『埼玉新聞』2022 年 2 月 9 日付「経世済民」欄に寄稿した「学生と『二十四の瞳』を読む」という小文である。

今夏、壺井栄の名作『二十四の瞳』がテレビ映画化されるという。筆者は勤務先の学生と同書をゼミで読んでいる。ゼミの授業科目名は「保育・教育学演習」、教育史をテーマとしている

さて、こども学科に学ぶ学生の大多数は保育者となり、保育所や幼稚園などに就職していく。そこでは、日本国憲法・教育基本法・児童福祉法・子どもの権利条約などに明記されているように、子どもたちは一人の人間として尊重されている。現在では自明のことである。

筆者は子ども学科に学ぶ学生たちの優しい心情をこよなく愛するものの、かれらの歴史・社会認識に目が向かないことを憂えている。従って本ゼミは戦前期から現代に至る過程について同書を読みながら考えている。

この作品は 1951 年に雑誌に連載され、その翌年に単行本として刊行された。その冒頭は「十年をひとむかしというならば、この物語の発端はいまからふたむかし半もまえのこととなる。世の中のできごととはいえば、選挙の規則があらた

まって、普通選挙法というのが生まれ、二月にその第一回の選挙が行われた、二か月後のことになる。昭和三年四月四日、農山漁村の名がぜんぶあてはまるような瀬戸内海べりの一寒村へ、わかい女の先生が赴任してきた」と始まる（新潮文庫版）。

　つまり普通選挙法公布は 1925 年（大正 14）5 月、それに基づく第 1 回普通選挙施行は 1928 年（昭和 3）2 月、主人公の大石先生が岬の分校に赴任したのは、まさに昭和 3 年 4 月のことであると理解できる。

　筆者は同書から①教育勅語、内村鑑三不敬事件、御真影、②教師と生徒の関係、③子どもの悲しみ ―3 点のテーマを設けて学ぶ。

　本稿では①と③について述べたい。①では大石先生の「天皇陛下はどこにいらっしゃいますか」という問いに、仁太くんが「天皇陛下は、おし入れの中におります」という有名な場面を導入とし、まず教育勅語の意味を語り、続いて内村鑑三の不敬事件、天皇陛下の写真（御真影）は奉安殿のなかった岬の分校では押し入れに鍵をかけてしまってあったのだ。ここで教育勅語・御真影・奉安殿などの語句が中学生用歴史教科書にも言及があることにより、中学生段階の歴史学習に目を向ける重要性にも言及する。③では教え子の進路を心配する大石先生と、例えばコトエの会話をあげる。コトエの家には男児がいないことから漁師の父親の仕事を母親が手伝い、コトエ姉妹が飯炊き番を担当する。成績の良いコトエに大石先生は高等科に進学することを薦める。高等科が存在する学校制度、学びたくても学ぶ環境が整えられていない、児童労働を必要とする貧しい社会のなかで子ども時代を満足に遊びや学習に没頭できなかったことから、現代のヤングケアラーの問題を想起しその導入とする。

　世界中に目をはせると、残念ながら今日なお戦乱は絶えない。しばらく前のことになるが、かの地で若き女性マララさんが「教育こそが唯一の解決策である」とスピーチされたことを読者諸氏はご記憶でしょうか。ここから筆者は旧教育基本法の前文の冒頭において、「世界の平和と人類の福祉に貢献」する「理想の実現は、根本において教育の力にまつべきものである」という結語に力強さを感じている。

その教育基本法を「改悪」したのは誰か？

謝辞

　本書は私にとってまさに拙著、貧しいものである。2018 年 4 月から道徳の教科化が始まった。その道徳の教科書を分析すると、問題点が透けて見えてくる。つまり徳目主義を克服できないということである。

　私が高校 3 年のときのことであった。加藤周一の自伝『羊の歌』正続（岩波書店、1968年）が上梓された。その一節に、「原始林の聖者」などと謳われたシュバイツァーのもとに馳せ参じていた青年が彼の叱責により自殺に追い込まれた事件があり、加藤はシュバイツァーを論難していたことが朧気ながらも記憶の片隅にしっかりと刻まれていた。私の「徳目」不信はこの頃には確固としたものになっていたようだ。

　思えば、小学校時代の図書館の存在は大きかった。『伝記書の指導と分析』をご担当された先生方のお姿も遠景にあるのだろう。その後東洋史学研究の過程で歴史教育との関わり、日本史との接点を考え続けてきたことがあり、道徳教育においては渡部治先生との出会いも大きな契機となったことを反芻する昨今である。

　このたびも、小著出版の機会をお与えくださった川口短期大学ご当局のご理解に感謝を申し上げつつ筆をおくことにする。

2023 年 2 月 14 日
野口　周一

著者紹介

野口　周一（のぐち　しゅういち）

1950年群馬県高崎市生まれ、群馬県立高崎高等学校、慶應義塾大学文学部史学科卒業、慶應義塾大学大学院修士課程文学研究科修了、筑波大学大学院博士課程歴史・人類学研究科単位取得満期退学。

新島学園女子短期大学国際文化学科教授、ソニー学園湘北短期大学保育学科教授、足利工業大学教職課程センター教授を経て、現在川口短期大学こども学科教授。

著書

『アジア諸民族における社会と文化』（共著、国書刊行会、1984年）

『中国史における乱の構図』（共著、雄山閣出版、1986年）

『明・清宗教史研究文献目録［稿］』（共編、筑波大学東洋史談話会、1990年）

『群馬・地域文化の諸相』（共著、日本経済評論社、1993年）

『群馬にみる人・自然・思想』（共著、日本経済評論社、1996年）

『アジア史論集』（共著、東京法令、1998年）

『地域研究入門―多文化理解の基礎』（共著、開文社出版、1998年）

『凡人の道』（編著、渓声社、1999年）

『心に響く聖鐘―インターンシップ体験記集』（編著、新島学園女子短期大学、2001年）

『日本書院版「歴史教育」総目次』（共編、総合歴史教育研究会、2002年）

『生きる力をはぐくむ―永杉喜輔の教育哲学』（単著、開文社出版、2004年）

『近代群馬の民衆思想』（共著、日本経済評論社、2005年）

『アジア教育史学の開拓』（共著、東洋書院、2013年）

『ぐんまの社会教育―永杉喜輔のあゆみ』（単著、みやま文庫、2013年）

『比較文化学の地平を拓く』（共著、開文社出版、2014年）

『今を微笑む―松居桃楼の世界』（共著、渓声社、2015年）

『交錯する比較文化学』（共著、開文社出版、2016年）

『東アジア史概説［前近代編］』（共著、世音社、2018年）

『永杉喜輔の教育思想―下村湖人・ルソーとともに―』（単著、世音社、2018年）

『より良い保育・教育を求めて―本との出会い・人との出会い―』（単著、世音社、2021年）

『あらたま・あぢさゐ・蟻の街―日本人の台湾経験―』（単著、世音社、2022年）

道徳教育問題と歴史教育

2023年3月22日　初版発行

著者　　野口　周一

発行者　　柏木　一男

発行所　　世音社

〒173-0037　東京都板橋区小茂根　4-1-8-102

TEL/FAX 03-5966-0649

ISBN978-4-921012-59-5